U0907462

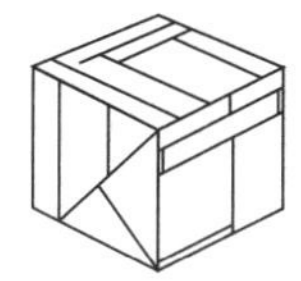

经济与改革

厉以宁文选 2015–2017

厉以宁 著

中国大百科全书出版社

图书在版编目（CIP）数据

经济与改革：厉以宁文选（2015—2017）/ 厉以宁著．—北京：中国大百科全书出版社，2019.1

ISBN 978-7-5202-0338-8

Ⅰ.①经… Ⅱ.①厉… Ⅲ.①中国经济—经济体制改革—文集 ②中国经济—经济发展—文集 Ⅳ.① F121-53 ② F124-53

中国版本图书馆 CIP 数据核字（2018）第 192548 号

策 划 人　郭银星
责任编辑　张　岚
封面设计　今亮后声 HOPESOUND pankouyugu@163.com
版式设计　程　然
责任印制　魏　婷
出版发行　中国大百科全书出版社
地　　址　北京市阜成门北大街 17 号　　邮政编码　100037
电　　话　010-88390093
网　　址　http://www.ecph.com.cn
印　　刷　小森印刷（北京）有限公司
开　　本　787 毫米 ×1092 毫米　1/16
印　　张　22.25
字　　数　229 千字
印　　次　2019 年 1 月第 1 版　2019 年 1 月第 1 次印刷
书　　号　ISBN 978-7-5202-0338-8
定　　价　68.00 元

本书如有印装质量问题，可与出版社联系调换。

出版说明

厉以宁先生的《经济与改革》共6册。其中“文选”按年代分为《厉以宁文选（1980—1999）》《厉以宁文选（2008—2010）》《厉以宁文选（2011—2014）》《厉以宁文选（2015—2017）》4册，另有《西方经济学说读书笔记》2册，计1767千字。

厉以宁是中国经济非均衡理论创立者和中国最早提出股份制改革理论的学者，是中国经济年度人物终身成就奖、吴玉章人文社会科学终身成就奖获得者。2018年12月18日，纪念中国改革开放40周年大会在北京人民大会堂召开，厉以宁获得了中共中央、国务院授予的“改革先锋”称号。他在经济学研究领域成就卓著，著述丰厚，影响深远。数十年来，他发表了大量论文，刊载于各个时期不同的期刊、报纸上，如果不加以整理、辑录则系统性不易呈现，也难以为学界更好地使用。基于此，我们将厉以宁自中国改革开放以来所发表的主要论文及读书笔记等进行系统梳理、编辑，并在统一体例下辑录成册，向读者集中展示厉以宁多年的学术精华。所选文章基本保持原貌，在保留其大量学术成果的同时，也为研究厉以宁个人学术史提供了基础资料。

“文选”还收录了厉以宁尚未发表的分析新时代中国经济现状和展望前景的文章。《西方经济学说读书笔记》（上下册）是厉以宁20世纪80年代在北京大学讲授西方经济学理论和西方经济学史相关课程时，阅读西方经济学著作后所写的读书笔记，珍藏30余年，首次结集出版，弥足珍贵。

《经济与改革》篇目经典、学术价值重大，它的编辑与出版对于认识和研究中国经济政治改革开放的实践历程及学术理路、对中国今后的经济改革方向与发展道路等都具有重要的意义，将是一部为学界瞩目、令读者喜爱的大家之作。

2019年1月

目录

2015年

2016年

2017年

2015年

打破“好职业”与“坏职业”的藩篱

中国经济发展到现阶段，劳动力成本的上升，熟练劳动力供给的不足，越来越影响劳动力技术水平的提高。这成为经济进一步发展的一个瓶颈。

经济良好、社会公平，一个最直接的体现，就是垂直流动渠道通畅——比如一个有志进取的人，能够通过努力实现自己的愿望。而二元劳动市场是形成平等劳动市场的一个障碍。所谓二元劳动市场，指的是劳动市场分成“上等”和“下等”两部分。一般认为，在“上等”劳动市场工作是“好职业”，而在“下等”劳动市场工作被认为是“坏职业”。两者的区别除了工资高低，福利多少，有无较多的学习、培训机会外，还在于从事“好职业”的人有被逐步提拔的可能性，而从事“坏职业”的人经常是一辈子从事简单劳动。

二元劳动市场形成以后，劳动者很少有机会从“坏职业”转到“好职业”，这两种职业之间跨市场的流动机会很少。于是，

“上等”劳动市场的从业者有较大可能升为中等收入群体，而“下等”劳动市场的工作往往是终身的，从事者往往没有机会或者很少有机会升入中等收入群体。换句话说，白领可以成为中等收入群体，蓝领则很难做到。

改变劳动市场的二元化，首先要重视职业教育体系的培育，通过加强职业技术培训，建立一支庞大的师资队伍和研究队伍，培养更多在实际工作中发挥作用的人。这个体系不是封闭性的，学生如果有意转到非职业技术教育系统的学校，只要够条件，就可以实现这种转型。

其次，要畅通社会流动渠道。这是一项重大的改革措施，符合机会均等的原则。一切职位都要通过一定的资格审查，有序进行，建立竞争性上岗机制。同时，要让那些有能力的人自主创业。从小微企业开始，只要个人努力，有信用有担当，若干年后，未必不能成为大中企业的企业主。小富靠勤奋，中富靠机遇，大富靠智慧。够勤奋，能抓住机会，总可以成长起来。

最后，要逐步改变社会上对“好职业”和“坏职业”的偏见，要让蓝领看到，他们并非永远被定义在社会的下层，这种地位是可变的。这才是社会活力所在、国家活力所在。在依法治国的潮流之下，只要机会均等，劳动者勤于工作、努力学习，总会有收获的。未来的前途来自本人的努力，而并非依靠家族出身和父母留下的遗产。

（原载《人民日报》2015年2月3日）

新常态下小企业有大作为

不久前在一些省市调研，同民营小企业经营者座谈。他们说："经济进入新常态，主要是大企业的事情，我们这些民营小企业能做些什么？我们在经济新常态下能起多大作用？"这个问题有一定代表性，需要认真解答。

一、对我国经济形势要有信心

从2013年和2014年的情况看，由于经济增长出现下行趋势，民营企业包括大量小企业的产品销售不如过去，加上贷款难等问题仍然没有得到很好的解决，劳动力成本、店铺租赁成本、物流成本又居高不下，因此普遍感到经营困难，对市场前景顾虑重重。

怎么帮助他们消除这些顾虑？最重要的是正确认识当前经济

形势，增强信心。在目前情况下，再指望出现超高速增长是不现实的。我国经济增长率虽然降低一些，但从全世界看依然处于前列。而从结构调整的角度看，结构合理是稳定增长的前提，只要结构调整不断取得进展，市场前景就是看好的。因此，对于广大民营企业特别是小企业来说，一定要懂得结构调整过程中的波动甚至挫折是难免的，企业成长过程中也会遇到一些不适应、不如意的事情。这时候，更需要鼓足干劲，勇于投身于竞争之中。市场如此广阔，还怕没有发挥自己才能的场所！

二、小而精、小而强，关键在专业化

在新常态下，小企业无论从事制造业还是从事服务业，都要走专业化道路。小而精、小而强，就会开拓出市场。市场不是静态的，而是动态的，市场是可以创造的。小企业虽然规模小，但只要有自己的专长，产品精致、有特色，服务到位、有声誉，市场份额就一定能不断扩大，并在此基础上稳步前进。

小企业如果有机会成为大企业的合作伙伴，千万不可错过。大企业需要寻找和固定与自己配套的服务者，也需要能长期提供零配件和部件的合作者。如果小企业能够为大企业提供优质服务、优质零配件和部件，大企业就愿意同它合作。这种合作对大小企业来说是双赢的：大企业可以降低成本，小企业可以有稳定的市场，稳步壮大。

三、靠诚信积累社会资本

这里所说的社会资本是指一种无形资本，又称“人脉”“人缘”，它体现于人际关系之中。人际关系要靠自己开创。一个企业无论规模大小，要想拥有更多的社会资本，只有依靠自己努力，一点一滴地积累。

诚信在社会资本积累中是极其重要的。企业时时处处守信用、讲诚信，就会获得社会资本。现在，小企业之间“抱团取暖”“抱团过冬”是互助合作的好现象。企业“抱团”，只能建立在相互信任、以诚相待的基础上。有人抱着侥幸心理，以为在合作中失信一次无所谓。实际上，只要失信一次，就可能把多年积累的社会资本毁掉。这样的例子并不少见。企业一定要把积累诚信资本放在首位。

四、既留有余地，又积极创新

有些小企业往往稍有成绩，就头脑发热，好高骛远，甘冒风险，赌上一把，最终一败涂地。从这样的例子中可以总结出一个道理：一切要从实际出发，宁肯步子稳一些、基础巩固一些，也比孤注一掷强。这并不是说小企业不应大胆开拓，大胆开拓在任何时候都是不可缺少的。问题在于，小企业千万不能忘记自己的弱点，如规模小、底子薄、资本供给不足、技术人才缺乏等，切不可被一时成功冲昏头脑，不留余地。

推动企业发展，不能只凭个人经验。经验可能是财富，使自己迈出重要一步、迈上新台阶；也可能是包袱，使自己做出错误决策、陷入难以自拔的陷阱。世界上没有两片完全相同的叶子。市场竞争错综复杂，波动难测。一些人投资成功，一些人投资失败，这在市场上司空见惯。因此，小企业应当牢记：宁肯稳一些，切忌追风赶时髦，以致脱离实际。那样一来，失败是难免的。

适应新常态，需要积极创新。有些小企业主说，创新是高新技术企业的事情，同我们这些小制造业、服务业企业有多大关系？其实，创新有多种层次，不能认为小企业在创新方面不可能有所作为。事在人为。在珠三角一次小制造业企业主座谈会上，我就听到一些经验介绍，比如：原材料选择方面能不能有新的考虑，以便产品质量更好、价格更低？能不能在燃料、动力方面有所改进，以便降低成本、减少环境污染？这些都是很实际的创新领域。

总之，对于小企业而言，有了信心，以诚信为本逐步积累社会资本，再加上一切从实际出发，走专业化道路，就不仅可以有所作为，而且一定会有大作为。

（原载《人民日报》2015年2月9日）

对民营企业转型要有信心和耐心

中国现阶段的民营企业家，大体上由三部分人构成。

第一，从个体工商户、小业主逐年积累而形成的一批民营企业家。他们是改革开放以后最早在市场中摸爬滚打而挣得一份家业并由此扩大生产经营规模，成为民营企业的创办人、合伙人。

第二，由乡镇企业改制而兴起的一批农民企业家，其中不少人就是当初的社队企业（后改为乡镇企业）的负责人或骨干。他们在发展市场方面是有贡献的。因为那时，他们所在企业的产品需要自找市场，自谋销路。他们带着样品和订单，走遍城乡，在共同努力下，一个处于计划经济体制之外的乡镇企业商品市场终于形成了，大一统的计划经济体制终于被打破了。以后，随着乡镇企业的转型、改制，这些当初的乡镇企业的负责人和主要骨干也就转化为民营企业家。

第三，所谓的“九二派”。也就是邓小平1992年南方谈话以后，从体制内转到体制外，自行创业，逐渐发展壮大而陆续成为企业界人士。当然，“九二派”是一个笼统的说法，实际上20世纪80年代就已经有不少从体制内转到体制外的先行者了。他们之中有不少人曾经在政府机构和国有企业中担任过干部，有高等学校学历，又有实际部门工作的经验，并且熟悉体制内经济和管理的操作。特别是，由于对国外的经济状况了解较多，对世界科技进步的趋势有较深刻的认识，所以，他们在素质上的优势是小业主出身的民营企业家和乡镇企业负责人出身的企业家所远远不及的。

以上三类不同背景不同经历的民营企业家中，第一类民营企业家不易摆脱小业主意识，他们依然把小业主阶段的创业经验牢记在心，从而形成深厚的家族中心观念，即使认为有必要采用股份制形式，但实质上仍然是家庭成员持股制，坚持“肥水不流外人田”。

第二类民营企业家的背景和经历中，乡镇企业的经营理念和管理理念依然牢固存在。与第一类民营企业家比较接近的是：他们也形成了家庭中心的观念，所以即使采取股份制形式，家庭成员持股制仍是基本的。如果一定要在第一类民营企业家和第二类民营企业家之间找出差异的话，也许可以这样认为，即出身于乡镇企业的民营企业家中，除了某个家庭中心以外，可能还带有乡土观念，这是指：当初走向民营企业的过程中，可能有好几个家庭都曾是乡镇企业中的创业者，他们既是同村的好友，又是创业时的伙伴，现在企业做大了，于是形成了几个家庭共同主持已经壮大的民营企业。这样一来，如果企业遇到困难，几个不同家庭的代表会坐在一起商量对策，这就与单纯由小业主成长起来的民营企业不一样了，因为在那里只有家长一个人拍板做主，家长是权威。而由乡镇企业演变而成的民营企业，不是以一个家庭为中心，而是由几个家庭共同主持，所以可以采取的重大决策由会议、讲座，共同通过决策，这就比一个家庭拍板要前进了一步。当然，也存在另一种可能性，即当几个家庭的代表各有看法，难以形成统一意见时，这家民营企业可能由此分裂，结果形成两家或多家民营企业。

第三类民营企业家与前面提到的两类民营企业家相比最大特点是，他们有高学历，懂科技，了解世界经济和产业的发展趋势，一心想把自己创办的民营企业转型为现代企业。在许多人的眼中，他们是新型的民营企业家，他们不仅同意市场调节在资源配置中起决定性作用的决议，而且也同意加快建立和发展混合所有制经济。他们对法制建设重要性的认识同样是深刻的。只有在法制健全，而且有法必依、违法必究的情况下，才会把投资于混合所有制企业作为自己的发展途径。

同样，我们还可以设想，今后会有越来越多的以小业主为背景起家的民营企业，以及更多的以乡镇企业为背景发展起来的民营企业，会从家庭制企业走向混合所有制企业。在这方面，一是要有信心，因为走向现代企业制度是大势所趋，但家庭企业仍会继续存在。另外，还要有耐心，对家庭企业的转型改制要等待一个时期，因为这些家庭在实践中将会逐渐体会到现代企业制度对企业的发展肯定更适合、更有利。

（原载《北京日报》2015年4月13日）

构建中国低碳经济学

厉以宁　朱善利　罗来军　傅帅雄

目前，发展低碳经济已经成为世界各国的共识，很多国家尤其是发达国家把低碳经济作为培育新的国家竞争优势的制高点，竞相发展低碳技术与低碳产业。对中国而言，发展低碳经济不仅是承担防止全球气候恶化责任的需要，也是经济发展和转型升级的方向。过去，中国经济增长方式比较粗放，高投入、高消耗、高污染的“三高”特征引发资源过度消耗、生态环境恶化、资源配置效率低下等诸多问题。因此，转变经济发展方式，培育新的国家竞争优势，必须积极发展低耗能、低污染、低排放的“三低”特征的低碳经济。

低碳经济持续健康发展离不开经济学理论指导。随着发展低碳经济成为世界各国的重要需求，并将成为未来世界经济的主流，学术界对于低碳经济的研究趋于活跃。目前，低碳经济学研究尚处于起步阶段，在很多问题上还没有成型的经济学理论。而对于中国的低碳经济发展，人们容易运用国外已有的理论见解来分析。但是，中国有自己的具体国情，寻找适合中国的低碳经济发展模式，必须构建适合中国国情的低碳经济学，即“中国低碳经济学”。针对中国实际，中国低碳经济学需要科学处理三个方面的问题：中国能源结构调整的客观性约束；制度与政策因素对中国碳排放趋势的影响；导致资源浪费的习惯性行为。这三个方面的问题对确定中国低碳经济发展模式至关重要，而恰恰又是目前没有被充分重视的问题。这是我们强调“中国低碳经济学”这一称谓的重要目的，也是“中国低碳经济学”的理论价值所在。

问题之一：中国能源结构调整的客观性约束

一提到如何实现低碳，人们的第一反应往往是进行能源结构调整，减少对传统化石能源的依赖，使用新能源与清洁能源。这是很自然的，因为造成中国经济高碳特征的最主要原因是能源结构不合理，约70%的能源依赖煤炭。而煤炭消耗是温室气体以及其他有害物质排放的主要来源，2012年全国二氧化硫排放量的90%、烟尘排放量的70%、二氧化碳排放的70%来自燃煤。以煤炭为主的能源消费结构，造成中国环境问题非常突出。

既然以煤炭为主的能源结构导致二氧化碳等气体的高排放，那么，对能源结构进行根本性调整，减少燃煤，使用低碳甚至零碳的新能源，是顺理成章的。但这个观点没有充分考虑现实条件。如何解决这个问题，需要经济学研究做出回答，得出一般性逻辑所不能达到的判断与结论。

一国的能源构成是“天生”的，也就是说，一国的能源消费结构是由其能源资源禀赋以及经济发展态势等客观因素决定的。这意味着能源结构改变不能以人们的主观意志为转移，并不是人们想进行调整就能调整的。中国能源资源禀赋的总体状况是富煤贫油少气。煤炭较为丰富，但优质化石能源不足，石油与天然气资源的探明剩余可采储量仅列在世界第十三位与第十七位。由于中国人口众多，各种能源与资源的人均占有量远低于世界平均水平。随着经济快速发展，能源消耗量不断增加，能源供给与消费之间的缺口逐年扩大，目前标准煤的缺口已超过3亿吨，石油、天然气的供给缺口尤为严重。而新能源的发展与利用比较有限，再加上新能源技术发展的难度较大，短期内尚难以大规模使用新能源。

再分析一下经济发展态势。同英美等发达国家不同，中国是一个处于工业化和城镇化进程中的经济体，在消费结构升级的拉动下，以机械制造、钢铁、建材、能源为代表的重化工业会长期处于快速增长通道。而今后20年，更是中国基本完成工业化任务并进入后工业化阶段的重要时期，重化工业以及汽车工业、船舶工业等的发展仍将是经济进一步发展的重要支撑。这样的经济发展态势将导致能源消耗量大规模增加。再考虑到中国的能源资源禀赋，进行能源结构调整无疑面临严峻的客观约束，快速实现根本性调整的主观愿望是不现实的。

问题之二：制度与政策因素对中国碳排放趋势的影响

如何考虑中国二氧化碳排放问题未来的趋势性变化，是有关中国低碳经济发展的首要问题。其中的关键问题是中国的二氧化碳排放总量何时达到峰值，以及达到峰值时的绝对水平是多少。如果把这个问题弄清了，一个大致的碳排放轨迹就可以勾画出来了。尽管在理论上有关于经济发展与二氧化碳排放关系的库兹涅茨曲线（倒U形曲线），但现实中探究一国究竟什么时候达到排放峰值是一个非常复杂的问题。因为它不仅仅涉及客观因素，即根据各种客观因素变化趋势预测二氧化碳排放的未来变化，这正是目前大多数研究所做的；而且涉及主观因素，即根据我们的主观愿望进行相关制度设计、采取政策措施，以促使二氧化碳排放总量的未来变化符合我们希望的目标。中国碳排放峰值设定，必须包含上述客观和主观两个层面的因素，仅仅从客观层面的因素来考虑显然是不够的，也不能真正预判二氧化碳排放总量的未来变化。

因此，从理论上看，要完整和准确地判断一国未来的二氧化碳排放趋势，不仅要考虑客观物质层面各种因素的变化，也要考虑主观制度调序和政策措施等方面的因素，如能耗强度和碳强度指标考核体系、低碳产业政策、低碳科技政策、碳税、碳交易等一系列有关低碳发展的制度和政策方面的安排和举措。如果将客观和主观的因素同时纳入碳排放峰值理论的考量，那么，达到峰值时间和峰值水平的预测范围将变得更大。所以，从这个意义上说，对碳排放峰值所做的预测结果，很多是基于已有假设对未来趋势所做的一种意向性判断，远非对未来真正发生状况的一种精确性判断。当然，预测的好坏在理论上是有标准的，一种好的碳排放峰值预测或设定，一方面能够适应客观因素，在客观条件的允许范围内；另一方面也能够适应主观因素，在制度设计与政策措施能够达到的范围内。这样的预测和设定才会对国家政策措施的制定具有科学指导价值。

在中国政府看来，设定在2030年左右达到二氧化碳排放峰值的目标是合适的。中国已经向国际社会宣布了这个目标，即“2030年左右二氧化碳排放达到峰值且将努力早日达峰”。这样，目前再纠结于峰值的客观因素的探讨已失去意义，而应关注并深入探讨主观因素的治理机制以及可能的实际效果。应当认识到，制度与政策方面的工作将更加复杂，比如，如何在公有制机制方面推动更为实质性的改革（电力、能源资源价格、财税体制改革等）以推动峰值早日到来。现在研究对制度与政策问题关注不够，而这应成为中国低碳经济学着重探索的内容。

问题之三：导致资源浪费的习惯性行为

低碳发展，不仅是限制使用传统石化能源、多使用新能源，限制高消耗高排放产业、发展低碳产业，而且包括减少乃至杜绝生活和生产领域一些习惯性行为与做法所造成的资源严重浪费与过度消耗。但人们往往容易忽视后一个方面。实际上，减少乃至杜绝导致资源浪费的习惯性行为，对中国的低碳发展具有重大意义。

可能很多人没有意识到，人们的生活方式与低碳发展密切相关。不同的生活方式所导致的碳排放量明显不同。如果人们倾向于高碳产品与行为，那么在生活中和生产环节就会产生更多的碳排放；相反，如果人们尽量选择低碳产品与行为，则会减少碳排放。比如，中国人喜欢开大型车，而不少发达国家的居民更愿意使用小型汽车、小排量汽车。再比如，只上一两层楼也要坐电梯，购物使用一次性塑料袋，吃饭使用一次性筷子，招待客人点过多的饭菜，使用电动跑步机等。这些行为的环境代价就是消耗大量能源、增排温室气体。

资源严重浪费与过度消耗的问题同定价不合理有关。长期以来，煤炭等高碳资源价格与其理论价格相比明显偏低，导致高碳资源的过度消耗，加重了经济发展的高碳化问题。电煤由国家指导定价，电煤价格低于市场均衡价格，造成电厂对煤炭的过量消耗。此外，电价也低于市场均衡价格，导致一些居民无节制地用电，甚至浪费性用电和奢侈性用电。中国的石油、天然气等价格远低于欧洲和亚洲一些国家和地区。价格偏低导致相关资源过度消耗和严重浪费。有关研究表明，当价格提高到一定程度，人们就会停止浪费，注意节俭使用；再提高到一定程度，人们就会想办法循环利用。

减少浪费并加强回收利用，对低碳发展的意义超出人们的一般性认识。比如“城市矿山”，即城市中各种可以回收利用的废弃电器、电子产品以及其他废弃物资所形成的“矿山”，其单位资源含量往往比自然界中的矿山更高。自然界中的矿产资源总有枯竭之时，而“城市矿山”却可循环利用。如果利用好“城市矿山”，将极大促进资源再利用，减少资源生产过程中的碳排放，包括减少开采原生自然资源及其冶炼所带来的能源消耗与温室气体排放。我们需要加大对生产领域、生活领域各种资源的回收再利用，减少终端的资源浪费。这种低碳发展的价值并不亚于生产环节降碳技术的开发与使用。

中国低碳经济学的历史使命

对中国低碳经济学需要处理的上述三个方面问题进行科学分析，寻找与制定解决方案，用以指导中国低碳经济发展，是中国低碳经济学的历史使命。具体来讲：一是针对能源结构调整的客观性约束，研究中国能源结构的变化趋势与调整策略，尤其是中国最近10多年在能源方面所应采取的政策措施，从而既保障国家能源安全，又促进低碳经济发展；二是针对制度与政策因素对中国碳排放趋势的影响，研究节能减排降碳的制度设计与政策措施，重点研究电力和能源资源价格、财税体制等领域的体制机制改革，研究可行有效的发展措施；三是针对资源浪费问题，研究如何采取切实的措施与方式，改变导致资源严重浪费与过度消耗的习惯性行为与做法，以及如何减少终端的资源浪费并发展回收与循环利用产业。完成中国低碳经济学的这三项使命，是中国低碳经济发展所急需的。虽然各国都有学者在研究低碳经济学，但对于这几项任务，国外学者不会很关注，而中国学者要以此为己任，承担起发展中国低碳经济学的责任。

低碳经济是中国经济社会发展的重大战略事项，相应地，低碳经济学是中国学术界需要重视的重大课题，并且低碳经济与低碳经济学都是处于起步阶段的新事物。希望更多的学者对此进行更深入更具体的研究，逐步形成并不断丰富具有中国特色、中国风格、中国气派的低碳经济学。

（原载《人民日报》2015年4月27日）

养老突围的信托之路

养老是个既老又新的问题。说它老，是因为中华民族有孝老尊亲的文化传统。说它新，是因为今天养老问题犹如太行峭壁，突立而来。由老龄化所带来的人口压力、经济问题、社会矛盾使我们不得不跳出围城看全景，从“以人为本”的高度来思考养老所反映的社会问题及其解决方案。

规范经济学提供了价值判断，实证经济学反映了事实本真，科学的经济学说必须包含价值观和方法论两个方面。创新理论的正确与否最终必然需实践检验，但其理论创新之路是否满足范式要求有助于我们判断该理论的真理性。只提方法之论，不辨价值之本，经不起推敲与诘问，直若无本之木，仍难称得上是真正的科学。《解放生命：生有所信 老有所托》一书的作者提出了“三性耦合论”和“共有制”两种新学说，并以此为基石，为生命信托理论提供方法论基础和价值观判断，其逻辑体系符合理论创新的范式标准。

人生如镜。从反面看，人生是一场逃避，包括逃避死亡、逃避痛苦、逃避疾病；从正面看，人生是一系列追求：追求幸福、追求快乐、追求圆满。而幸福应该是全程的连续，人生的快乐和圆满亦应如此。从这种角度看养老，系统性是养老的主要特征，卯吃寅粮是养老的行为本质。养老问题首先具有社会性和经济性，但养老实质是对未来预期的现世安排。同时，它又具有强烈的金融属性。一把钥匙开一把锁。解决养老问题的关键，是要找到一把具有综合功能的金融工具，能沟通人的社会性和经济性之间的联系，解决个人自己的消费无规划和时空错位问题，不再出现“少壮不努力，老大徒伤悲”的人生悲剧。

问题解决之道往往存在于问题的原点，解惑的创新之法往往存在于事物的隐性联系之中。生命问题要用能反映生命本质的工具来解决。回归原点找办法，突围养老困境的工具就在生命信托；而作为生命信托的子产品，养老信托连接养老和信托两个产业、沟通两个产业的联系，正是解决中国当下养老问题的可能选择之一。

我与信托结缘始于1997年，当时我担任第八届全国人民代表大会常务委员和法律委员会副主任委员，我和其他一些全国人大常委一起，呼吁成立机构，加快制定《信托法》，当时情景历历在目。如今，快20年过去了，以《信托法》的颁布实行为标志，我国的信托业已经发生了翻天覆地的变化。习近平总书记说，对生命要有大爱。信托制度为大爱的实现勾勒了制度边界；生命与信托的契合则为大爱的实现打开了通路。作为一种制度性的工具安排，信托工具的生命力正如青山春笋，生机勃勃。

信托作为知识性延伸的工具，它是人的一种生存方式；信托的中介性延伸着人的社会性。在人类社会步入相对高级的发展阶段后，信托又表现为一种生产关系，它以共有制为内核，能适应并促进生产力的发展。共有制、中介性和集成分享制是信托的标签。以共有制为基础，以中介性为桥梁，以集成分享为方式，信托能从人的整体和个体两个层面实现人生命周期的幸福之托。

信托作为金融行业，具有独特的财产保护和破产隔离功能，能保证老人养老财产的保值增值。财产管理是信托内涵之一，它能让老人享受到信托工具所创造的经济效益、管理效益和转移效益。以遗嘱信托的形式实现财富传承功能是信托的内涵之二。信托能通过二次委托和直接投资的方式联系、控制、整合相关的养老产业资源，为老人提供包括养老护理、医疗康复在内的全产业链服务。这是信托的内涵之三。医养服务、财产管理和财富传承，构成了作为生命信托子产品的养老信托的三个主要功能。

今天中国60岁以上老年人口已经突破2亿，老龄化比率达到14.8%，中国养老头绪多、包袱重、问题急。针对实践问题进行理论创新，生命信托理论的提出恰逢其时。

（原载《经济导刊》2015年第6期）

当前中国经济发展需要注意的几个问题

一、我国经济实现中高速增长的两个重要条件

关于中国经济下一阶段如何发展，首先要从新常态谈起。

对于新常态，我们应该正确认识。新常态就是按经济规律办事，不按照经济规律办事就会违背市场规律。比如，前些年中国经济一直高速增长，持续的高速增长并不符合经济发展规律，也不能够持久。正因如此，我们转入中高速增长，比较符合当前中国的实际情况。

持续多年的高速增长带来五个方面的不利影响：一是资源过度消耗；二是生态恶化；三是部分产业产能过剩；四是普遍低效；五是为了促进高速增长而错过了技术创新和结构调整的最佳时机。2008年国际金融危机爆发后，包括美国、德国、日本在内的西方发达国家都千方百计从技术创新中寻找未来经济发展之路，而我们则因忙于高速增长而错过了最佳时机，这是我们要认

真面对的一个重要问题。

另外，新常态的重要表现之一就是我国经济转入中高速增长。一般经济学认为，经济增长速度在6%~7%的区间属于中高速增长。实际上，中高速增长同样不容易，并非转入中高速增长期就真能够实现中高速增长，因为它需要两个重要的条件：一是经济结构调整；二是创新。没有创新，没有结构调整，中高速增长是不可能实现的。

二、找到经济下行的真正原因

当前，我们遇到了经济下行的压力，首先要分析下行压力是如何形成的，经济下行压力增大的情况下该怎么办？首先要把问题搞清楚，然后再想办法找出对策。

第一，现在不是增长率本身的问题，而是增长速度放慢的问题。同时也要看到，要长期保持高速增长代价过大，如近期出现的产能过剩、低效率等问题，就是前几年高速增长过程中大量的低水平重复建设，再加上其间很多地方产能过剩等多种因素叠加所产生的后遗症。产能过剩的最大问题，一是造成过度消耗；二是浪费了资源。前几年的超高速增长，实际上是浪费资源的增长、无效率的增长。

第二，从经济学角度讲，经济稳步增长要看基数是越来越大还是越来越小。目前我国经济的基数与10年前相比（更不要说与

20年前相比）越来越大，在这种情况下，每增长1%难度都很大，而且不可持续，它将会是一个递减的过程。所以说，前几年的高速增长实际上给今天的继续增长带来了较大的困难。

第三，国际市场不稳定带来若干问题。这种不稳定对我国出口和对外贸易造成了一些不利影响，我国经济目前面临的困难与国际经济形势是有关系的。主要表现在两个方面：一是日本在高科技产品方面是我们的主要竞争对手；二是东南亚国家在低端产品方面是我们的主要竞争对手。东南亚国家的劳动生产率虽然比我国低，但工资水平也低，劳动力便宜。

第四，经济下行压力增大，要扭转局面困难重重。为什么？结构调整并不是一件容易的事，已经形成这么多过度投资，要真正扭转过来并非易事。结构调整要有壮士断腕的决心，也要明白这也会带来损失，但能不能承受、能不能坚持是非常重要的。因此，要充分认识到结构调整的艰巨性，如果不坚持下去就会前功尽弃。

第五，技术创新问题。技术创新不能急于求成，一个能真正占领市场的技术创新需要经过多年积累。比如深圳的华为公司，它并不是一夜之间突然就冒出来的，而是一天一天、一步一步发展起来的，走到现在可能已经进入守成期，但还要继续创新，不能止步。

目前互联网的迅猛发展意义重大。我国互联网发展还处于起步阶段，正在探索，以后互联网会把我们推到什么地方去，经济学界也难以预测，但可以肯定，这是未来发展的一种趋势。互联网的作用是巨大的，呈现出很多新技术，可以让结构调整变得更为顺利，但是否能拉动经济发展，还要经过一段时间的检验。

正因如此，我们在应对经济下行压力时还是要坚持两点：一是结构调整，结构调整这一关非过不可；二是技术创新，要走群众创新创业的道路。对此，思想要坚定，思路要清晰，不要再抱任何幻想，也不要老调重弹，经济的大起大落没有好处。因此，还要进行宏观调控，而且应将重点放在定向调控上。定向调控就是结构性调控。要重视微调和预调，才能应对当前经济下行的压力。

三、高投资未必带来高就业

高投资未必带来高就业，这是我们遇到的新问题，因此需要我们转变观念。过去一直讲新的工作岗位是在经济增长中出现的，经济增长率高，新出现的工作岗位就多。这在过去是符合实际情况的，因为那时我国经济还在比较低的层次上运行，现在情况发生了变化，我们是在产业升级中实现经济增长，而且是通过高科技实现发展。因此，在当前，就业问题不是靠大量投资就可以解决的。

最近我在一家企业考察时，企业负责人介绍说，他们进行了大量投资，我问能增加多少就业，他的回答很简单：一个都不增加，还得裁员。为什么？因为现在的投资和过去不一样，技术创新的投资是完全现代化的，比如用机器人代替劳动力，效率提高了，但不增加就业，年龄大的工人被重新安排，有的就此退休，年轻职工要进行再培训，新聘员工首先必须是一个技术工人，这就和以前大不一样。

我也问过其他企业负责人，当前的就业问题怎么解决。他们也认为不能靠高投资来解决，而是要把民间的积极性调动起来，民间有创业的积极性，让他们创业，创业增加就业。还有就是把企业的很多部门分散开来，一个部门就是一个创新单位。现在很多人的观念都有所改变，就是从农村出来的劳动力，也不像过去那样出去就单纯为了打工，而是首先学习技术，掌握技术以后就可以适应更多地方更多需求，也可以创业（包括回家创业）。民间存在着极大的创业积极性，这就是中国未来解决就业的主要途径之一。有人预测，20年以后一般企业根本不需要写字楼，因为职员完全可以在自己家里办公，所以我们的就业观念需要改变，这意味着解决就业未必靠高投资。当然，尽管技术在改进，但适度的基础设施投资和加强人力资源培训的投资还是需要的。

四、高利率未必能抑制通货膨胀

高利率未必能够抑制通货膨胀，这也是一个新的观点。

传统观念认为，通货膨胀是由于投资太多、消费太旺等原因导致需求过大而造成的，在这种情况下，可以用紧缩的办法来解决通货膨胀问题。20世纪70年代初在美国出现了滞胀，一方面是通货膨胀，另一方面是失业，失业与通货膨胀并存。当时的主流经济学家都感到不知所措，因为按照传统的凯恩斯理论，总需求大了就会出现通货膨胀，总需求小了就会出现失业，因此通货膨胀和失业不可能并存。当时的美国总统尼克松找主流经济学家研究为什么会出现滞胀。主流经济学家说，实际上，当时经济出现了两种垄断力量。一种垄断力量是工会，工会认为自身能够控制工人的行动，坚持工资必须是刚性的，只能上升不能下降，如果下降就罢工。但同时，经济上还有另一种垄断力量——跨国公司，跨国公司认为自身可以控制价格，所以坚持价格刚性，也是只能上升不能下降，宁愿将产品销毁掉也不能降价。两种刚性同时存在，于是经济生活中就出现类似小孩子玩的“跳背”游戏那样的现象。主流经济学家主张去按住小孩，如果两只手把两个小孩全按住，那工资和物价就都跳不起来。这完全是违背市场经济规律的观点，但尼克松居然接受了，实行了“新经济政策”，这就是20世纪70年代美国著名的工资冻结、物价管制措施。后来搞不下去了，尼克松实行的“新经济政策”也就夭折了。到20世纪80年代，里根总统接受了供给学派的观点，认为主要的问题在供给，供给有问题才出现这样的结果。只有通过技术创新生产更多新产品，由此形成的创新成果带动经济增长。于是美国从80年代以后经济摆脱了停滞状态，通货膨胀问题也得到解决。

这就告诉我们一定不能短视。今天的通货膨胀，就是投资过多、需求过大造成的，该投资的就得投资，银行该降低利率就要降低利率，只有这样才能适应新经济。“钱荒”是什么原因造成的？我为此在浙江专门考察过好几座城市，发现这不是货币供应不足，因为货币M1和货币M2的供应量都很大，“钱荒”的原因主要是贷款难。银行认为民营企业靠不住，如果贷款收不回来就成了大问题，所以找国有大企业贷款，找信得过的国家独资企业贷款。可是这些被银行看好的国有企业并不需要那么多钱，贷款利率又比较低，于是就将贷来的资金转放出去。民营企业贷不到款，就找国有企业分借一部分，并承担高利息，也有很多企业负责人贷不到款就求助于自己的亲友。在浙江流行一句话，叫“现金为王”，即企业最重要的就是把现金拿在手里，有了现金就有了一切，资金链不会断，产业链会顺畅，有投资机会就能下手。每家企业都有超正常的现金储备，结果就是现金储备量增大。所以虽然M1、M2不少，但资金还是紧张。这告诉我们，以后如果发生通货膨胀，一定要多方面考虑，紧缩信贷在新形势下不一定管用。

五、市场是可以创造的

“市场是可以创造的”，这是一个新的命题，任何行业都应该懂得这一点。我在河北沧州考察时去了肃宁县，肃宁以做裘皮生意为主。有些人说，现在生意不好做，以前裘皮主要卖到俄罗斯，但如今卢布的购买力下降，所以肃宁裘皮即使比欧洲裘皮便宜得多，俄罗斯人也不买。我向他们提出几点建议：一是“让产品更加个性化”，因为当前的消费和几十年前不一样，20世纪90年代初甚至90年代末都属于排浪式消费，赶时髦，现在则不然，是个性化消费。二是“让服务更加人性化”，让顾客的购物体验更愉快。三是树立中国品牌，“把产品品牌打到国外去”。树品牌要靠长期高质量的产品，目前中国产品的品牌还没有完全建立起来。四是“把顾客留在国内”，如果国内能够买到质量好的马桶盖，人们又怎么会到日本去买呢？把顾客留在国内，是完全可以做到的，自由贸易区就是要解决这个问题。

在北京大学光华管理学院，我经常给研究生讲这样一个案例：一家生产木梳的企业招了四个推销员，让他们各带一批样品和订单到指定的寺庙向和尚推销木梳，结果却大不相同。第一个推销员一把也没有卖掉，因为和尚说：光头不需要梳子。第二个推销员跟和尚们说，梳子除了梳头之外还有其他功能，如刮头皮、止痒、活血、明目、清脑、养颜、美容等，于是卖出几十把。第三个推销员观察到庙里香客很多，香火很旺，但香客们拜佛磕完头后头发有点乱，有时香灰还会掉到头发上，于是他就去找方丈，说庙里香火旺，香客这么热情，寺庙应该多关心他们，在每个佛堂前面放几把梳子，让他们感觉到寺庙很关心他们，替他们着想，他们就会来得更多更勤，方丈同意了，于是他卖出几百把。第四个推销员直接找方丈聊天，说寺庙出去办事时有公共关系要打通，公关就需要有礼品，而木头梳子正是最好的礼品，在木梳的一面刻上庙里最出名的对联，在木梳的另一面刻上“佛在心中”“积善为本”等字样，把它变成寺庙的名片。于是他一下子就卖出去几千把木梳。

这个故事告诉我们，市场是可以创造的，产品功能会发生各种各样的变化，这就是新功能。企业要把产品打出去，走出国门，一定要让产品增加新功能，一定要让产品满足消费者的新需求。这样才能打开新的市场，创造新的市场。

六、要重视“互联网+”时代的“社会人”视角

以前，几乎所有的经济学著作中谈到的都是“经济人假设”。“经济人假设”就是说人是从最低成本、最大收益考虑的，所以一定要符合最低成本和最大收益原则。在这些经济学家看来，经济学是从“经济人假设”出发的。但今天的世界正在发生变化，只有“经济人假设”显然是不全面的、不够的，“社会人假设”渐渐抬头。“社会人假设”是指人不完全从“经济人”角度考虑问题，也会从“社会人”角度考虑问题。

比如，有A和B两个地方都可以进行投资，在A地投资利润高，成本小；在B地投资利润不如A地大，成本却比A地高。如果从“经济人假设”出发，人们都会选择在A地投资。实际上，偏偏有人愿意在B地投资。为什么？也许会有各种原因。第一个原因是：“B地是我的故乡，我已经发展起来了，可故乡还那么穷，因此我愿意在那里投资办厂，解决家乡人的就业问题。”这

是从故乡的角度出发。还有人可能是出于这种考虑："我从小在那里生活过，在那里上学、工作时，很多人瞧不起我，认为我没出息。离开那里创业之后，现在有了成绩，我就回来办一个大企业，让你们看看我是不是像你们当初想的那么没有出息，我要改变你们过去的成见和对我的看法。"还有人是因为过去在那里生活了一段时间，做过一些对不起当地人的事情，包括犯过错误等，后来感到内疚、后悔，所以在创业成功之后就在那里办个工厂，以弥补过去所犯的错误。

人有各种各样的想法。今天进入"互联网+"时代，人们更多地会从"社会人"的角度考虑问题，单纯从经济角度考虑问题的情形越来越有限了。

七、重视"第三种调节"——文化调节

"第三种调节"，就是通过道德力量进行调节，也就是文化调节。过去讲的第一种调节是市场调节，市场是一只无形的手，靠市场规律进行调节。后来有了第二种调节即政府调节。政府调节是用政府这只有形的手来调节，用法律、法规和政策来调节。那么有没有第三种调节呢？在几千年前，出现了商品交换，才产生了市场。政府调节的出现更晚，是有了国家和政府以后才产生的。人类在市场调节和政府调节出现之前，主要靠道德力量进行调节。有了市场调节和政府调节后，道德调节也在发挥作用。常

言道："小乱居城，大乱居乡。"发生小动乱，乡下人到城里投靠亲友，认为城里比较安全，所以小乱居城。大乱居乡是指发生大动乱时城里人都往乡下跑。大乱时，市场是失灵的，政府是瘫痪的，但人类社会还是延续下来了，社会仍在不断地向前发展。没有市场不要紧，没有政府也不要紧，还有道德力量在发挥作用，在进行调节。

因此，我们要重视第三种调节，即通过道德力量来进行调节，也就是文化调节。文化调节是指每个人都自律，每个人都遵守公共规则。社区文化建设、企业文化建设、校园文化建设，等等，都在促进人们加强自律。这对今后社会经济发展很有好处。

八、提高资源配置效率，让国有资产增值更多

多年以来，经济学中研究的生产效率就是投入产出之比：投入不变，产出增加，生产效率提高；假定产出不变，投入减少，生产效率也会提高。所以生产效率是很重要的。20世纪30年代以后经济学中出现了第二种效率，叫资源配置效率，资源配置效率的前提是：假定投入既定，对配置方式进行调节，就会出现不一样的效果。比如，同样的资源，用A方式配置，产生N效率，用B方式配置则产生N+l效率，于是两种效率并存。生产效率的重点在于微观领域内的企业管理、生产部门管理；资源配置效率的重点则在宏观方面，即如何提高资源配置效率。因此，今后要更加

重视提高资源配置效率，尤其是要让国有资产配置得更好，效率更高，增值更多。

九、结语

实际上，关于未来中国经济发展，我们可以得出两个结论：一是其变化远远超过预期；二是急剧变化而且是加速度变化。在这种情况下，我们很难预料到30年或50年以后的经济是什么样子，比如，那时还有没有蓝领和白领的区别？大家都在计算机旁工作，分得清谁是白领谁是蓝领？还有，货币的用处还有多大？人们都用信用卡了，谁身上还带货币？企业的规模会不会变得很小？还有人会买汽车吗？人们还像现在这样早上赶去上班，傍晚赶着下班回家吗？很多都是我们今天想不到的。但是，想不到也要想，因为经济生活中的许多重大变化最早往往就是异想天开引发的，经过努力，异想天开最终成为事实。所以说，每个人都在学习的阶段，每个人都在探索的阶段。

（2015年6月13日在“2015中国互联网创新大会·河北峰会”上的演讲）

“十三五”规划中应着重关注的五个问题

今年是“十二五”规划的最后一年，对于“十二五”规划的完成情况应当有一个实事求是的总结。明年是“十三五”规划的开局之年，举国上下都企盼着能够有一个良好的开局，尤其重要的是，“十三五”规划应当着重解决哪些关系到国计民生的重大问题，中国经济怎样通过规划展示美好的前景，使经济发展和民生改善更上一层楼。

我最近在河北、陕西、福建三省进行了考察。我感到，在“十三五”规划中应当着重关注下述五个重要问题。

第一，大力推进创新创业，实现产业升级和产品更新。在国际市场激烈竞争的条件下，在国内消费者对产品款式的新款和产品科技含量要求不断上升的环境中，只有产业升级和产品更新，制造业和服务业才能站稳脚跟。开拓市场，“让产品更加个性化，让服务更加人性化”，以及“把品牌打到国外，把顾客留在国内”，这才是企业的前途。而为了产业升级和产品更新的实现，有必要支持创业和创新活动，给创业和创新者以税收方面的优惠，给他们以信贷的便利，同时要加强引导他们，避免网络不安全和资本市场的风险。

第二，缩小城乡收入差距，促进低收入家庭收入有较大幅度增长。为此，城镇化当继续贯彻“以人为本”原则，切实解决迁入城镇的农民就业、住房、医疗保障和子女教育等问题。为了提高进城务工农民收入水平，必须大力开展职业技术培训工作，提高务工者的技术能力。务工者工作一段时间后，如果愿意自己开店开作坊的，要给予支持。蓝领工人、白领工人这样的划分，已经逐渐界限不清了。当大家都在电脑旁边工作时，你能分得清谁是白领，谁是蓝领?

第三，生态建设和扶贫开发是可以并重的。最近政协经济委员会调研组在陕西汉中市的几个县进行考察，发现既要保证汉江水质良好，不得新建污染空气和水质的工厂，在农业中不得使用化肥和农药，同时又要让农民们早日脱贫致富，还要使地方财政有逐渐增加的收入，以应付地方治理和发展的需要。通过在陕西汉中市几个县的调研，大家感到这是可以做到的。一是发展茶业。茶业施用的是有机肥，采茶和茶叶加工都就近招收农民从事，这样就缓解了就业压力。二是大力发展有机农业，生产出来的稻米和五谷杂粮品质好，远销北京等城市。三是发展旅游业，同时修建公路、铁路，让外地旅游者来汉中，如洋县的朱鹮保护区，留坝县的古栈道遗址和张良庙，勉县的诸葛亮祠、诸葛亮墓以及西乡县的樱桃沟，等等，都是旅游景点，既保护了环境，又增加了地方收入和就业人数。

第四，让民营企业有更好的公平竞争环境，增加民间投资于制造业和服务业的信心。当前，民营企业正在转型，包括体制的转型和技术的更新。从体制上说，民营企业正在产权清晰的基础上转为股份制企业。从技术上说，它们力求实现产业升级和产品更新。在福建泉州考察发现，那里的民营企业，三分之一情况很好，赚钱；三分之一稳定，略有微利；另外三分之一比较困难，正设法资产重组，更换经营或生产方向，需要帮它们一把。

民营企业应当守住“不违法经营”底线，这比规定“民营企业要合法经营”更明确。这是因为，“合法经营”要企业自己举证，举不胜举，而“不违法经营”则由对方举证，民营企业可以答辩。这样，它们就更安心了。

第五，宏观经济调控重在微调、预调和结构性调控，切忌大升大降，大松大紧。要知道，宏观经济调控是不可少的，但大松则不利于结构调整，要给企业一定压力，促使它们加快转型。大紧，给经济会带来严重的后遗症，对经济增长不利。无论大松还是大紧，都会打破企业和投资人的预期。预期一乱，经济受的损失就大了。

一定不要形成“宏观调整依赖症”。如果经济运行总是在宏观经济调控下波动，那还谈什么“市场在资源配置中起决定性作用”呢？

（2015年6月16日在全国政协十二届常委会第十一次会议上的发言）

经营管理理念的更新

一、经营管理理念更新的重要性

1. 效率的两个基础：常规效率和超常规效率。

2. 制衡不但不降低效率，而且是长期效率的保证。制衡即使短期内可能降低效率，也是为了避免发生更大的损失，而必须付出的代价。

3. 科学技术不仅是第一生产力，而且是最富贵的资源。

4. 基本管理一定要做好。

二、关于民营企业

1. 民营企业合法经营还是不违法经营？

2. 创业如何带动就业？

3. 肥水要流入外人田。企业家是善于创造市场的人。

4. 新的集体所有制企业。对公有制的理解。

三、关于经济发展

1. “投资挤了消费”是计划经济的概念。关键是计划体制下，靠配额，靠指令，而且投资者是国有经济单位。市场经济下没有选择的问题。

2. “重复建设”也是计划经济的概念。

3. 能耗与GDP之比，既有汇率问题，也有品牌问题。

4. 节能减排指标应以中期为准，而不宜按年计算。

四、关于城乡协调发展

1. 城乡分割体制是计划体制的产物。城乡二元结构自古就有，但城乡二元体制是20世纪50年代后期才有的。城乡二元体制使二元结构固定化了。

2. 今天的社会主义新农村建设不同于20世纪50年代的口号。

3. 对承包制的历史评价：当时只可能在城乡二元体制下进行而不可能触动它。承包制如今存在的问题在很大程度上来自二元体制。

4. 提高农民收入，一靠制度创新，二靠技术创新。制度创新更重要。要让农民有更多的财产性收入：创业收入，土地入股分红收入，租金收入。

五、关于民生问题

1. 就业是民生之本。总量失业对策。结构性失业对策。减员增数的不妥。消除零就业家庭的必要。明末裁减驿站的风波。

2. 最低工资制度是双赢的：对工人的好处，对企业的好处，巩固基本工人队伍。人力资本理论与共享经济概念。

3. 社会保障和社会救助是两个平行的体系，不能把社会保障当作社会救助。社会保障由财政支付，由专门机构发放，覆盖全社会低收入家庭。

4. 增加政府、企业扩大内需的效应。这样就有可能使中国在工业化中期就基本上建立社会最低生活制度。

六、关于证券市场

1. 为什么中国的股份制和证券市场只能从双轨制开始，从双轨逐渐转入单轨？

2. 股市浮动和宏观经济表现的关系：大趋势一致，但运动方式不一致。股指越高，调整阶段越长，调整期间的波幅也越大。

3. 股市从封闭走向开放是必然的。开放是不可避免的，但要逐步推进。开放有利有弊，但利大于弊：以开放促发展。

4. 政府做什么？做市场做不了的事：①规范化；②监管；③股民的风险教育、理性化教育。

七、关于汇率制度改革

1. 小步升值利大于弊。小步升值快一点比慢一点好，因为拖延太久，积累的问题越多。快一点，促使企业有更大的紧迫感。

2. 建立外汇投资公司，关键是体制与机制问题。中国不同于新加坡，新加坡经验只能做修改，但不能照搬。

3. 对外投资中，不可忽视农场建设投资。这是资源置换的方式之一：购土地建农场，就省下了国内大片土地。

4. 不应当忘记：中国不是自然资源的大国，而是人力资源的大国。这是中国在国际竞争中的优势，但一是要把“人力资源大国”转为“人力资源强国”。只有发挥劳动力质量优势，在国际竞争中才能立于不败之地。

八、关于国有经济

1. 国有经济的改制和重组的最大受害者是全社会，是国家。国有经济迟迟不改制、不重组的最大受害者也是全社会，是国家。

2. 国有企业改制的继续：以增量盘活存量，既有利于国有企业保值升值，又能扩大就业。

3. 国有大型企业和民营企业在自主创新方面各有优势。国有大型企业的优势：实力强，人才多，设备好。民营企业的优势：机制活，敢于冒风险。要设法把二者的优势结合起来。

4. 与国有资本相比，国有资源是更大的量。国有资源如何转化为国有资本，这是一个值得深入研究的课题。成功的国有企业必定是善于把资源转化为资本的经营者。

九、关于宏观调控

1. 关键在于财政政策和货币政策的配合使用。非到不得已时不采取“双紧”的措施。

2. 货币政策的总量调控有易一刀切的毛病。要分地区、分行业、分企业规模制定结构性的货币政策。

3. 从长期来说，中国经济是怕冷不怕热的。问题只能通过改革，通过发展来解决。太热了，不行；但稍热总比稍冷好。骑自行车之例。

4. 国民经济管理短期目标是调节总需求，中期目标是通过结构调整来调节总供给，长期目标是通过体制改革来协调收入分配和地区差距。

十、经济学家的使命

1. 经济学研究什么？研究利弊得失的比较：两害之间取其轻，两利之间取其重。经济学家提出方案，政治家做出决策。政府在执行时主要掌握一个“度”，恰到好处。

2. 在各种经济关系中，经济学家要说明双赢、共赢的必要性和可行性。要把双赢、共赢的实现定为目标。从龟兔赛跑中可以得到不少启示。

3. 经济学要研究和谐问题。和谐是靠和谐积累而成的。经济学家既是一个务实的人，也应当是一个理想主义者。没有理想主义，经济学就会失去光芒。为什么大经济学家到晚年都研究哲学，由此可以得到解释。

4. 经济学家要不断学习，从实践中学习尤其重要。既然改革是空前的事业，需要“摸着石头过河”，难道经济学家就是“先知先觉”？改革初期时，哪一个经济学家能看得这么远，这么准确？要根据实践不断加深认识，修正以前的观点。这才符合经济学家的社会责任。

（2015年同北京大学光华管理学院部分博士生和博士后的谈话）

同经济学新生们的对话

一、经济学者的时代感

任何时代总有本时代的特征、本时代的要求、本时代的潮流。这种特征、要求和潮流，总会在本时代的经济研究中体现出来。

然而，作为经济学者，仅仅了解时代的特征、要求和潮流是远远不够的，他们的任务在于从理论的高度，透过现象，揭示问题的本质。

经济学者在这种形势或大环境之中，要把自己所观察到的变化，自己所了解到的未来的趋势，告诉周围的人，让他们了解真相，认真对待。

经济学者的时代感和责任感就这样统一起来了。时代感和责任感的统一，就是经济学者的使命。

二、经济学者的时代感和责任感的统一

经济学者的时代感和责任感的统一有四种含义。

第一，经济学者作为一名教师、一名科研人员，他有责任把自己研究所得出的见解，如实地进行思考，不自欺欺人。

第二，他应有科学的责任感，忠于科学，勇于探求真理，坚持真理，修正错误，也就是说，他应有严谨的治学态度，这才对得起科学。

第三，他应有民族的责任感，这是指热爱国家和民族，热爱人民，感到有职责振兴国家，振兴民族，把所学习和所研究的成果反映给社会。

第四，他应有历史的责任感，这是指经济学者要勇于站在历史的高度来理解自己教学和研究工作的意义。总之，对职业负责、对科学负责、对民族负责和对历史负责，是统一的。

三、经济学者的时代感和责任感是后天培养出来的

经济学者并非一进入学校或一进入社会，就自然而然形成了时代感和责任感的。这都是后人想像出来的。实际状况是：经济学的学生都是先学习再有所觉悟才成名的。

成功的经济学者渐渐会有所觉悟：他不应当是为写文章而写文章，而是在有了真正感受之后，通过自己的写作，把自己对时

代特征、时代要求、时代潮流的认识和感受传递给读者。

因此，一个学习经济学知识的学生一般都是刻苦学习多年，才形成自己的学说，这里既包括时代感，也包括责任感。

在经济学发展的初期，确实有些本来学医的医生，或学习自然科学的学者转而成为经济学界的名家，但这种情况以后越来越少了。

四、经济学的生命在于创新

经济学中的一切理论，最初都是一种假设。每一种假设都是在前人研究的基础上提出的。经济学中的假设需要验证，这也依靠前辈的努力。

因此，假设是经济学创新的初步。没有前人提出的假设，便没有后来的不断的验证，假设经过验证，才能成立，或者被否定。

经济学重在思考。思考有对有错，挫折是难免的。挫折可能打击某些经济学者，他们从此默默无声。但挫折也能实现某些经济学者思想的飞跃。

实际上，经济学理论总是在不断的假设和不断的验证中前进。某个经济学假设即使已被不少人认可，也并不意味着它不会被推倒重来。这反映了经济学的生命在于创新，创新不可能立竿见影。

五、经济学者和社会启蒙

经济学有两个使命：一是社会启蒙，另一是社会设计。经济学之所以不是一种空谈，正因为它有社会启蒙和社会设计这两大使命。

社会启蒙之所以重要，可以从三方面来分析。①经济学是研究资源配置的科学，究竟什么样的资源配置方式是有效的，什么样的是效率低下的，这就需要经济学论证。

②经济学是研究人类发展过程的，怎样才能使经济顺利发展，怎样才能解决发展中的困难。这同样需要经济学的点拨。尽管观点不同，对策不同，但都属于社会启蒙。

③自从人类社会形成以来，收入差距便成为人们共同思考的问题。有各种各样的经济学解释，它们都属于社会启蒙领域。但这个问题至今仍是人们普遍关心的。

六、经济学者和社会设计

经济学除了有社会启蒙这一使命而外，还有另一使命，即社会设计。由于经济学者们所处时代不同，社会启蒙和社会设计的内容也不一样。

社会设计实际上就是每一个有志于社会设计的经济学者的“理想国”，只不过有的经济学者考虑得更广泛些，有的经济学者则针对某一领域提出设计。

不同的时代、不同的国情，会有不同的社会设计，于是也就形成了旷日持久的论战。这在经济学发展过程中是正常现象，不足为奇。

经济学中的不同学派正是在长期论战中形成的。应该把学派的形成看作经济学前进的不可避免的现象。青出于蓝而胜于蓝，是难以避免的。

七、经济研究中的假设

无论哪一个经济学中的学派或某个学派的支持者，在研究中都会先提出论点，再寻求证实。未经证实的，都是假设。

提出假设，是需要勇气和毅力的。一种假设的提出，可能是在挑战流行中的理论，也可能受到反击。这在经济学界是正常的。

经济学者需要有勇气和毅力的理由主要在于：提出的新假设可能是针对自己的老师的，也可能是针对长期流行的某种理论的。

在这种情况下，只有本着对科学负责的态度才能坚持新假设，才能致力于新的探索。“吾爱吾师，吾更爱真理”，只有这样，经济学才能前进。

八、经济研究中对假设的验证

任何经济学的假设，都需要验证。未经过验证的假设，始终是假设。只要坚持不懈，验证一直在进行中。

时间和实践是经济学中假设必经的过程。这也是每一位提出假设的经济学者必须经历的考验。经济学正是这样一步步发展起来的。

经济学的创新始终离不开不断地假设和不断地验证。所以任何一个经济学假设，只有经得起一而再、再而三式的验证，才会被公众认可。

对于经济学假设的提出者来说，无论是被验证所证实，还是被验证所否定，都是正常的。时间在延续，实践在修正，这也是正常的。有什么奇怪呢？

九、经济学者的“拓荒能力”

许多新的领域正展现在经济学者的面前，许多已经引起人们关注的新领域还刚开始探索，所以经济学者可选择的课题永无止境。

这里存在着一个教学方面的新问题，即如何培养经济学学生的“拓荒能力”？实际上，这个问题不仅存在于大学生阶段、研究生阶段，而且是终身性的。一辈子都应有“拓荒能力”。

“拓荒能力”很可能反映于跨学科的交叉或学科的边缘。例如法学、社会学、伦理学、环境科学、数学等，既与经济学有交叉，也可能是跨学科的边缘地带。

从经济学自身的范围来说，纯经济学研究领域可能不够用了。“拓荒能力”除了在纯经济学领域内闯新路外，可能越来越多地扩散到交叉学科、边缘学科领域。

十、经济学者要敢于向“权威学派”挑战

在经济学展过程中，逐渐形成了一些所谓的“权威学派”，它们有影响，有权威性，有些还有相当长时间的历史，要向它们挑战，是不容易的。

也许在“权威学派”流行时，它们传播的理论或信条是符合当时实际的，但这么多年过去后，时代已经变了。要推翻它们的信条，需要勇气，不要怕挨骂。

对“权威学派”的挑战，是指两个方面。一个方面是：该学派提出的假设和信条在当时是对的，但时代变了，那些信条和理论也都失效了。另一方面是：可能当初在提出某些信条或理论时就是错误的，然而在那个时代，没有人起来质疑、反对，于是就流行至今，直到最后才有人出来否定它。

十一、在同一种思路和探讨中，学生超过老师是常事

无论是对“权威学派”的前一方面的挑战还是后一方面的挑战，都可能会形成师生之争。学生超过老师是常见的。学生不一定处处超过老师，但只要有所超越就够了。

老师这时可能已经去世，也可能尚未衰老。当他们获悉已有学生超过自己时，都应当高兴，因为这毕竟是新一代的成长，是学生在“拓荒”中攻克了前人未跨越的难点。

有不少学生可能一辈子也未突破老师传授的学说和信条。这同样是常态。假定他们中有人站出来为老师辩护，那也是常情。经济学总是在争论中前进的。

不要因为自己在“拓荒”方面没有贡献或作为而沮丧。环境对经济学者的成长具有很多意想不到的限制力。要懂得，经济学的传承本身也是一种功绩。

十二、经济学者的生命是有限的，但学说的传承是无止境的

历史会做出判断。也许若干年之后，人们又会记起若干年前的大讨论，但只要参加了这场大讨论，就应当承认每一个经济学者都为经济学的进步做出了自己的一份贡献。

每一个经济学者都应当记住：人的生命是有限的，但需要研究、开拓的领域是广阔的。每一个经济学者一生中最值得欣慰

的，将是“我也曾为经济学的传承出了力”。

这里所谈的“我也曾为经济学的传承出了力”，不仅指正面地传承原来的经济学假设或信条，也包括对某些假设和信条的批评，乃至全盘否定。这两种情况都有助于经济学的发展。

要相信历史总会替经济的发展和经济学者的努力做出评价。一种经济学假说，一种验证方式，可能有新的效应，也可能导致原来理论和信条被改写，甚至于被公认，但这并不会阻挡经济学的继续前进。

（2015年同经济学新生们的对话）

发展经济学专题讲座之一：社会流动在经济发展中的作用

一、垂直流动

（一）垂直流动的含义

1. 社会分为若干等级或若干层次，有上有下，有高有低。垂直流动是指人们所处的等级或层次的变动，或上升，或下降。

2. 职业分为好职业、坏职业，由收入、地位、工作条件、升迁的可能性来评判。垂直流动是指职业的变更，或由坏转好，或由好变坏。

3. 不准垂直流动的社会，被认为是僵化的社会。

（二）垂直流动的途径：历史分析

1. 以中国唐朝以后的社会（尤其是宋以后）为例。垂直流动途径包括：

①科举制；②军功；③婚姻；④个人经营致富；⑤捐官；⑥由吏而官；⑦幕僚。

2. 充分垂直流动的前提是：没有身份限制和宗教、种族限制。这两种限制越强，越不易垂直流动。如在中世纪的西欧，非贵族无法做官，非贵族无法购地，异教徒和异族不准做官与购地。在中国唐宋以后，可以垂直流动，但不充分（有某种职业限制，或资格限制）。

（三）垂直流动的途径：市场经济中的例证

1. 在市场经济中，垂直流动在理论上是充分的。一切可通过竞争来实现。考试是一种竞争，个人致富同样通过竞争。

2. 但实际上，垂直流动仍然是不充分的。这表现为：

①各人家庭背景不同，影响竞争。

②各人所在区域不同，影响竞争。

③各人受教育程度不同，影响竞争。

（四）垂直流动的特征

1. 上层职位少，下层职位多。上升机会有限。

2. 由下移入上层难，由上转入下层易。

3. 最高职位极少，因此大部分竞争是在中层或中上层。但中上层职位是流动的。

4. 垂直流动中的向下流动，同一子继承制有关。

5. 政治大变动，使垂直流动加快。新兴者上，失势者下。

二、水平流动

（一）水平流动的含义

水平流动一是指地区（居住地、工作地、国籍等）的变动。二是指职业的选择与变动，但从等级、层次上看，是相同或相似的。三是指人员的调动（包括官员的调动）。

（二）水平流动的途径：历史分析

1. 地区的迁移包括：①官方组织的强制移民；②官方引导或鼓励的移民；③官方不干预，居民自发的移民；④官方禁止，居民自发的移民。

2. 水平流动的前提是没有身份限制（如果有身份限制，那就是逃亡，如西欧中世纪农奴进入城市，或逃入深山老林），也没有职业禁入的禁止（如西欧中世纪行会，有一定的会员数，否则就是非法经营）。

（三）水平流动的途径：市场经济中的例证

1. 双向选择——寻找工作机会而迁移或另行就业。

2. 入学考试或招考、招聘。

3. 投资移民。

总之，户籍管理越弱化，水平流动可能性越大。公开招考、招聘制度越健全，越促进水平流动。投资自由化，也加剧了水平流动。

（四）水平流动与垂直流动的关系

1. 互为前提：水平流动后，垂直流动才有可能，或垂直流动后，水平流动才有可能。

2. 互相推动，反复影响。一次流动，就会带动更多流动。不让流动，水平流动与垂直流动都不存在。

三、人力资本

（一）人力资本概念

1. 人力资本同物质资本相对而言，是体现在人身上的资本，表现为知识、技术、能力等。

2. 人力资本的所有权不能被转让，也不能被继承。奴隶也有人力资本，只不过由人力资本取得的收入大部分、甚至全部归于主人。

3. 社会的人力资本是一个不明确的概念。尽管从理论上，是个人人力资本的相加，但其是“1+1=2”，还是“1+1>2”，或“1+1<2”，取决于一系列条件。

（二）人力资本的作用：历史的例证

1. 希腊、罗马时代，为什么有的奴隶能成为企业家、诗人、作家？人力资本的作用。

2. 西欧中世纪的市民，来自农奴。是人力资本使他们后来致富了。

3. 中国人最初下南洋，闯西欧，到北美。靠的是什么？不也是靠人力资本的发挥么？

4. 承包初期，技术倒退了，但人力资本作用发挥了，于是产量大增。

（三）人力资本的作用：现实的例证

1. 中国的民营企业家，1979年以后，初起时是一无所有的，有的只是身上的人力资本。

2. 即使在计划经济时代，对干部也不能不考虑发生在他们身上的人力资本问题。即便是供给制，也有大灶、中灶、小灶、特灶之分。

3. 为什么给股权？同样是为了使经理人员、技术人员身上的人力资本进一步发挥作用。

（四）经济发展的关键在于增加人力资本以及发挥人力资本的作用

1. 经济发展中，要增加人力资本总量：教育、卫生、移民入境、聘人……

2. 经济发展中，要做到人力资本相加的总和“1+1>2”，而不能“1+1<2”。

3. 经济发展中，要使每个人尽可能发挥个人身上的人力资本的作用。人力资本是有智力的。

4. 制度创新是关键。光有技术创新不行，因为人力资本不发挥作用，技术提高了，用处不大。

5. 毁灭一个社会，在于先毁掉人力资本。只要有人力资本，物质资本毁了可重建。

四、社会流动与人力资本之间的关系

（一）垂直流动与人力资本之间的关系

1. 垂直流动的可能性给人们一种可以改善自己处境的希望，从而会激发人们增加人力资本（提高自己）和发挥人力资本作用。

2. 垂直流动得以实现，同样可以达到目的，即发挥人力资本作用。

（二）水平流动与人力资本之间的关系

1. 水平流动使人换一个工作与生活环境，从而可以使人们有条件发挥人力资本的作用。

2. 水平流动可以补改垂直流动，这又会使人们没法增加人力资本和发挥人力资本的作用。

（三）人力资本增加与发挥作用对垂直流动的反作用

人力资本的增加，对一个人来说，今后垂直流动的可能性可以更大。同样的道理，人力资本的作用也能发挥，今后也就越有可能得到向上垂直流动的机会。

（四）人力资本增加与发挥作用对水平流动的反作用

人力资本的增加，对一个人来说，今后水平流动的可能性可以更大。同样的道理，人力资本的作用越能发挥，今后也就越能有机会水平流动。

五、社会流动与社会稳定之间的关系

（一）限制垂直流动的恶果

1. 刚性制度是一种表面上稳固，实质上不稳固的制度。

2. 限制垂直流动意味着存在一种刚性的制度，而刚性的制度是脆弱的，就像一口铁锅，一摔就破碎。

3. 从经济上看，限制垂直流动是对人力资本作用的一种强制性的扼杀，是最大的效率损失。

4. 放宽对垂直流动的限制，实际上是减少制度的刚性，增加制度的弹性。

（二）限制水平流动的恶果

1. 从经济上看，限制水平流动也是对人力资本作用的一种强制性的扼杀，是最大的效率损失。

2. 由于水平流动与垂直流动经常联系在一起，限制水平流动也就是限制了垂直流动。刚性制度的脆弱性就更明显地表现出来了。

（三）社会稳定的前提与这些前提的创造

1. 一个稳定的社会应该是一个弹性的社会，拥有弹性的制度。为此，必须以促进社会流动为前提。

2. 刚性社会也就是封闭社会。封闭社会不可能稳定，因为绝望者人数在积累，达到一定程度后，问题会不可收拾。

3. 要社会稳定，必须社会流动。社会流动等于社会的安全阀，使那些不满者不至于陷入绝望之中，而有生活中的希望。

（四）非身份化的含义

1. 这里遇到的一个重要的问题：必须实行非身份化。身份化的制度是刚性的制度，身份化的社会是刚性社会。非身份化，才能垂直流动与水平流动。

2. 身份化分为三类：公开的身份化、半公开的身份化和隐蔽的身份化。

①公开的身份化——实行等级制，每个人都有自己的身份，不能改变。

②半公开的身份化——等级制仍存在，但已经淡化，流动仍

受限制。

③隐蔽的身份化——虽然废除了等级制，一律平等，并写进了宪法和其他法律，但社会上仍存在身份与身份观念，暗中有歧视或限制，不利于流动。

3. 非身份化是指消除一切形式的身份化。

六、有关社会流动的分析对中国经济发展的启示

（一）如何改革垂直流动机制？

1. 改革垂直流动机制，必须消除隐蔽的身份化，一切职位向一切人开放，有条件的人，不管什么身份，均可参加竞争。

2. 在经济增长过程中，产生更多的好职业，使金字塔形的垂直流动体制变成鸡蛋形的。

3. 改善最底层的职业从业人员的处境。

4. 严格执行任期制，防止任何形式的职务终身化。

（二）如何改革水平流动机制？

1. 逐步改革户籍制，实现迁移自由、居住自由、择业自由。

2. 普及教育，加强职业培训，为水平流动创造条件。

3. 新岗位应在经济发达地区更多地涌现。

（三）如何缓解社会矛盾？（从社会流动角度分析）

垂直、水平流动对缓解社会矛盾的好处是：

1. 从心理上，使不满的人有一种希望，认为通过个人努力，可以改善处境。

2. 在实际生活中，确实有一些人改善了处境，就有示范效应。

3. 从长远看，每个人都希望自己的下一代能生活得更好，这样，社会流动对本人和下一代都有积极的影响。

（四）如何进一步推动经济发展？（从社会流动角度分析）

1. 资源得到更有效利用，效率提高了。

2. 社会经济发展的阻力减少了，无谓的资源消耗也就减少了。

（2015年北京大学光华管理学院研究生选修课）

发展经济学专题讲座之二：经济发展与利益集团的变迁

一、利益集团概念

（一）文化起源说

认为文化起着主要作用。

例一，诺曼底人征服英国后（11世纪），贵族讲法语，神父讲拉丁语，农民讲英语，不同集团形成。

例二，海外华人因种族、文化、语言，自成一个集团，不融合于当地社会。

例三，犹太人在欧洲各国，均因宗教、语言、习惯而自成一个集团。

（二）社会职能说

认为利益集团最初来自社会职能不同，也就是职业的不同。

例一，中世纪欧洲城市中，手工业者、商人、军人、教士等各成一个集团。

例二，长期以来，英国的矿工总是自成一个集团，在不同城市与农民来往，保留自己的生活方式。

例三，工业化实现后，技术人员、经济人员都自成一个集团。

（三）商业利益说

认为利益集团形成的基本原因在于商业利益不同。

例一，殖民时代的英国，有东印度利益集团——从事香料、鸦片贸易、掠夺印度；有西印度利益集团——从事糖、烟草、奴隶贸易。

例二，英国的产业革命时期：业主，雇工，独立手工业者三者互不来往。

（四）综合说

1. 利益集团含义不明。大体上是指：社会上有一些人，彼此有着共同的或基本一致的社会、政治、经济利益，因此他们往往有共同的或基本一致的主张和愿望，使自己的利益得以维持与扩大。这些人有形或无形地组合成一个利益集团。

2. 一个人可能属于某个利益集团，同时又属于另一个或第三个利益集团。交叉关系是存在的。因此不能简单地用文化、社会职能或商业利益划分。例如，在美国一些城市中的华人企业家，可能同时属于华人集团、企业家集团与从事餐饮业的商业利益集团。

二、集团贫困概念

（一）集团贫困中的“集团”概念

1. 这里所说的“集团”是从综合方面来考虑的，包括文化、职业、商业利益集团等。一个集团的贫困，不同于个人的贫困。个人贫困固然会引起个人的不满，但不会引起社会的动荡，而集团的贫困却有可能引起社会的动荡。

2. 从集团贫困的角度来分析，更易于发现集团同阶级、等级、阶层不同，因为集团是一个综合概念（阶级、等级、阶层偏重于财产多少或政治地位）。

（二）集团绝对贫困

1. 当一个集团感觉到自己的生活状况越来越坏时，它将越来越不满意。集团绝对贫困是指生活水平绝对下降。

2. 由于政治上的原因，一个集团在一场政治变革中地位突然下降。例如，苏联十月革命后的贵族。

3. 由于战争征服的原因，一个集团在战争后地位突然下降。例如，被征服土地上的自由民沦为农奴或奴隶。

4. 由于宗教或种族原因使一个集团受歧视而绝对贫困。例如，历史上受排挤的犹太人。

（三）集团相对贫困

1. 虽然一个集团的生活状况比过去有所改善，但它同时注意到其他集团的生活状况正以更快的速度得到改善，于是不满。

2. 虽然一个集团的生活状况比过去有所改善，但它的欲望也在增长，而且其增长速度大于生活状况的改善速度，于是不满。

3. 一个集团的生活状况比过去有所改善，但紧接而来的是生活状况下降，即便下降的幅度不大（同最初出发点相比仍是提高的），但低于曾经达到的最高峰，于是不满。

（四）集团贫困的持续性

1. 如果集团贫困是由政治变革导致的，这种情况在政治大形势改变时，持续贫困格局将保持。

2. 如果集团贫困是由经济因素导致的，由于已陷入贫困的集团缺乏使整个集团改善生活的条件，所以集团仍将贫困，但不排斥个别成员因各种原因而改善，但这样一来，他们就不再待在集团中了。

3. 集团相对贫困状态是长期的。一个集团的相对贫困状况会减少，但另一个集团却会沦入相对贫困之中。

三、继承制度

（一）继承问题的重要性

1. 人的生命有限，继承才使之无限。“不孝有三，无后为大”，涉及家族继承。推而广之，事业的兴衰同样有这个问题。这也是人群与动物群的最明显区别之一。

2. 领袖人物年纪大了，怕死，但死是不可避免的。怕事业无人继承，怕财产流失，领袖人物的“孤独感”形成及其后果。

3. 选择继承人的一般原则：①事业或财产继续；②不至于危害自己的家族，而要能保护家族成员；③不至于损坏自己的名声。

（二）帕累托的优秀分子循环论

1. 帕累托的论点：

①指定的接班人没有第一代的优点，终于被淘汰。新一代优

秀分子兴起了。素质高低是主要因素。优秀分子循环：三十年河东，三十年河西。

②第一代是强者。铁腕人物不使用与自己同一类型的人。他们更需要的是服从与守成，而不喜欢独立与开拓的人，因为那样会改变航向。

2. 帕累托的优秀分子循环论仅限于表述官方接班人与自然接班人（血缘式）。如果是竞争机制，情况不同。

（三）继承制度的不同形式

1. 血缘方式：①长子继承制；②指定某个亲人继承（弟或子）；③分解制——诸子分解产业。

2. 非血缘方式：①亲人本人指定；②亲属集团推举。

3. 选举制。可能不让最坏的人当选，但不能保证最好的人当选。无论如何，选举制只要建立在竞争的环境中，仍是合适的。

（四）继承形式的选择与经济发展

1. 继承形式得当，有利于稳定，从而有利于经济发展。

2. 继承形式得当，减少无谓的内耗，使得有可能继承的人早日安下心事，朝其他方面发展，从而有利于经济发展。

3. 继承形式得当，形成一种良好的合理的机制，从而节省许多不必要的资源消耗。

4. 但要使得继承有效，亲人的终身制必须排除。

四、抗衡力量概念

（一）权力中心

1. 多元权力中心条件下的抗衡

以中世纪西欧为例：①国王与诸侯
②诸侯与城市
③国王与都会
} 从一开始就出现

现代欧美：①行政与立法
②行政与司法
③联邦制下中央与地方

2. 一元权力中心条件下的抗衡

以中国古代为例：皇权为一元权力中心。抗衡表现为：

①皇帝与宰相
②皇帝与军队统帅
③皇帝与封疆大吏
} 皇权衰落时才明显表现

（二）权力抗衡的表现

1. 从形式上看，权力抗衡似乎只是因掌握权力的领袖人物之间争夺权力而形成的，但实质上，每个领袖人物的背后总有一定的利益集团在给予支持。利益集团不外四种情况：①支持某一方；②支持另一方；③同双方均有联系，观望而后决定；④不介入。

2. 权力抗衡表现为权力斗争暂时处于均衡状态，形成一种相互制约的关系，但这不牢固。一旦利益集团的支持力发生变化，均衡会被打破，又会形成新的权力抗衡。

3. 以上分析不仅适用于宏观政治经济，也适用于某企业集团、某公司。

（三）权力行使方式

1. 权力行使方式是指从最高领导层到权力结构的各级人物是如何行使自己的统治权力的。

2. 关键问题在于最高领导层如何行使自己的权力。孤家寡人不行，但有谁可依靠？于是出现宦官（古代皇权），或出现亲信人物，或出现集体领导，共同决策。

3. 基层的权力行使抑或是最高领导层如何使权力得以有效的重要问题。中国古代，皇权不下乡，只到县一级。乡和乡以下，是靠绅权。县一级靠“吏”。官是流动的，吏是固定的。许多国家，基层是靠自治团体。

（四）权力结构阶层

1. 权力结构阶层的含义。权力结构阶层是指在社会中掌握实际统治权的各级人物。他们根据上级权力机构的意志，执行统治职能。

2. 权力结构阶层的固定化不利于统治的稳定，权力结构阶层的非固定化却有利于统治的稳定。

3. 权力结构阶层的再生产：这同继承制的选择有关。不同继承方式之下有不同的权力结构阶层再生产方式。

五、经济与社会发展中的保守主义

（一）保守势力的构成

1. 最富裕的人可能是保守的。原因何在？自觉的保守，反对改变现状。

自觉的保守力量的能量：

单个的——多半表现为埋怨，发牢骚，抵制。

集体的——形成破坏力量，出现保守集团。

2. 最贫穷的人也可能是保守的。原因何在？多半是自发的保守，贫而无知，麻木，平均主义。

自发的保守力量的能量：

单个的——多半表现为捣乱，破坏社会秩序。

集体的——形成破坏性力量，无政府状态。

（二）不同保守力量结盟的可能性

1. 自觉的保守力量利用自发的保守力量。前者有政治或经济企图，后者无知与麻木，但也要发泄不满。

2. 两种保守力量有可能结成联盟：一致反对变革，反对进步。

结盟的可能性在于：

①情绪相同，都有牢骚、不满；

②暂时利益一致，短期目标一致；

③有沟通渠道。

3. 两种保守力量联盟中，谁为主导，取决于二者力量对比，以及各自领导人的能力。

（三）新生的保守力量：自发的还是自觉的？

1. 含义。新生的保守力量指原来并不保守，甚至是支持变革的，后来才逐步转为保守的力量。

2. 产生的原因：

①自身利益逐渐受损害。

②对某些变革措施有异议，逐渐变为抵制、反对。

3. 自发的新生保守力量：单纯不满情绪。自发的新生保守力量可能逐渐演变为自觉的新生保守力量，并同旧保守力量合流。

4. 自觉的新生保守力量：理性的不满。有情绪上的不满，也有理论上的解释。相对而言有更大的破坏性。

（四）进步与保守的转化

1. 衡量进步与保守的标准：对制度创新的态度，而制度创新又主要以能否促进社会生产力发展为标准。

2. 极左与极右，都是保守的，因为都不利于制度创新，从而不利于社会生产力的发展。

3. 由进步转入保守易，由保守转入进步难。

原因在于：

①只要个人利益受损，或看到别人利益受损，就会怀疑，并转向保守；

②要由保守转入进步，需要有理论指引和对全局、对前景的认识；

③如果仅仅从投机出发，跟着风向转，即使从保守转入进步，可能也不巩固。

六、适应与社会冲突的缓解

（一）适应的含义

1. 狭义的适应是指个人对所属的群体的适应。这里包括同社会的适应。没有这种适应，个人难以摆脱孤独，甚至会陷入绝望境地。

2. 广义的适应是指一个集团同其他集团的适应，以及一个集团同社会的适应。没有这种适应，集团将陷入绝望状态。

（二）和解与宽容

1. 集团与集团并不一定是此长彼消或此存彼异的。要学会适应，适应就是共存，谁也离不开谁。适应的最好结果是双赢。

2. 和解，不仅指个人与个人之间和解，也不仅指集团与集团之间和解，而且也包括政府同集团、政府同个人之间和解，和解是取得适应的必要途径。

3. 和解包含了宽容。宽容对政府、对集团、对个人都有重要意义。宽容是一种创造——创造新的未来。

（三）妥协与融合

1. 妥协不是一个贬义词。妥协实际上是冲突的最佳结果，也是双赢原则的体现，是对现实的一种承认。妥协时双方都想：“尽管我同他存在严重分歧，但我们必须都活下去。”融合是妥协的结果。

2. 为是使自觉的保守力量转化，应适当照顾既得利益或给予补偿（赎罪）。这是一种必要的妥协或让步。

3. 为了使自发的保守力量转化，应启发他们，加以引导或补偿（福利）。这是一种必要的补偿或照顾。

（四）社会冲突的缓解

1. 安全阀概念。安全阀是指社会具有一种内在的缓冲机制、疏导机制。安全阀的存在，意味着给社会增加了一种平衡力量，即市场以外、政府调节以外的平衡力量。

2. 有形的安全阀。一种资源的存在，可以作为有形的安全阀（开垦地可供移民）。有形的安全阀还包括：社会救济事业、群众自治性组织。此外，某些集团也能成为一种有形的安全阀，如移民团体、信仰团体。

3. 无形的安全阀：自律，信念的确立，包括集团与集团的双赢目标，还包括引导。

（2015年北京大学光华管理学院研究生选修课）

2016年

中国经济双重转型的启示

改革开放以来，中国经济走出了体制转型和发展转型叠加的双重转型之路，也就是从计划经济体制转向社会主义市场经济体制，同时从传统农业社会转向工业社会、现代化社会。这两种转型的叠加在世界上没有先例。因此，30多年来中国经济的双重转型构成了独特的改革开放之路，也为发展经济学增添了新的内容。

首先，转型要从最薄弱的环节突破。计划经济体制最薄弱的环节是什么？是农业。农业是薄弱环节，农民的改革愿望最强，改变计划经济体制的突破点就在农村。党的十一届三中全会之后，农村先动起来，“大包干”从农村开始，农村改革的突破性进展带动了城市经济体制改革，形成了势不可挡的改革潮流。

其次，最要紧的是调动群众的积极性。20世纪80年代，农村搞了“大包干”，粮食大幅增产，农民能吃饱而且有积极性了，于是农民开始向城市、向建筑工地流动，寻找就业机会。人流动起来，劳动力就多了，这是中国一个大变化的开始。有了劳动力，自己建厂房，到工厂去买下脚料作为原材料，乡镇企业就发展起来了。乡镇企业产品的推销者走遍全国，也带活了全国的经济。可见，只要把群众的积极性调动起来，就会释放出巨大的经济活力和生产力。

第三，把产权改革放在重要位置。20世纪80年代改革开放之初，我在北京大学的礼堂做了一场报告，第一句话就是中国改革的失败可能是由于价格改革的失败，中国改革的成功必然取决于所有制改革的成功。国有企业不改革，光放开价格有什么用?一定要进行产权改革，明确产权，走股份制的路。这些话引起了一场论战。经过邓小平同志南方谈话，又经过党的十四大和十五大，我们明确了股份制是国有企业改革的方向。在计划经济体制转变为社会主义市场经济体制过程中，把产权改革放在重要位置，这是中国的实践为发展经济学做出的具有开创性的贡献。

第四，注重解决就业和民生问题。在双重转型过程中，把“大锅饭”打破了，把“铁饭碗”打破了，如果就业问题不解决，民生没有得到改善，社会就不稳定。我们在改革中解决了国有企业工人下岗问题，加大城乡社会保障力度，使民生得到持续改善，保障了双重转型的顺利进行。对民生的投入实际上是对人力资本的投入，使我们拥有了素质高、讲纪律的产业工人队伍，这是很多发展中国家没有的。一个企业家对我说，当初看到东南亚的工资比我们低，就把工厂搬到那里，结果非常后悔。一是东南亚的工人没有中国工人讲纪律，上班想来就来、想走就走。二是他们不像中国工人那样愿意努力学习技能。这告诉我们，对就业和民生的投入有利于长远发展，是很值得的。

2015年，我国第三产业增加值占GDP的比重超过了50%，这是现代工业化发展中的一个重要标志，表明我国已开始进入后工业化时代。下一步的发展需要注意三件事情。

要大力发展第三产业。一是让产品更加个性化，满足不同消费者的需求。二是让服务业更加人性化，服务得更周到。三是提高品牌的国际知名度。中国品牌学会的同志告诉我，他们经常向来中国采购货物的外国商人发调查问卷，题目是您所熟悉的中国制造业著名品牌有哪些。答案只有一项最多，就是茅台酒。这说明大多数中国品牌的国际影响力还远远不够。四是把消费留在国内。我国消费者现在拼命到外国去买东西，为什么？因为同样的商品，外国的价格比中国便宜，还不用担心买到假货。这个状况一定要改变。

不要忘记中国尚未实现工业化。虽然我国第三产业增加值占GDP的比重超过了50%，但工业化还没有实现。因为我们与建成制造业强国这个工业化目标还有距离，必须向这个目标继续努力。

要看到中国的农业大有发展前途。现在农村正在进行的土地确权深得民心。土地确权使农民的承包地经营权有经营权证，宅基地的使用权有使用权证，宅基地上盖的房子有房产证，农民就可以抵押贷款，可以去开店、做生意，这样农村就活了。土地确权以后，农民自愿入股搞合作化经营；农业实现规模经营，就能搞好。一些地方的实践还表明，在土地确权以后，城市人均收入和农村人均收入的差距大大缩小了。

（原载《人民日报》2016年2月25日）

中国特色经济学的建设和发展

改革开放30多年来，我国取得了巨大的发展成就。以马克思主义为指导的中国特色经济学在总结改革开放成功经验的基础上发展起来，提炼出一系列新概念、新规律、新范式，形成了具有中国特色的经济理论和分析框架，又对实践产生了巨大的指导作用。因为对中国经济实践的超强解释力和科学指导力，中国特色经济学在世界上逐渐有了一定话语权。习近平同志在哲学社会科学工作座谈会上的重要讲话，提出了加快构建中国特色哲学社会科学的要求。中国特色经济学是中国特色哲学社会科学的重要组成部分。提高中国特色经济学建设水平，一个重要前提是正确回答中国特色经济学的特色在哪里，它从哪里来、要到哪里去等根本性问题。对这些问题，可以在回顾中国特色经济学建设和发展历程中，得到更加清晰的认识。

一、农村家庭联产承包责任制：奠定中国特色经济学的实践底色

1976年10月粉碎“四人帮”之时，我国国民经济濒临崩溃的边缘。中国社会主义如何建设、如何发展，成了从中央领导到广大群众普遍关心的问题。1978年12月，党的十一届三中全会召开，中国从此走上改革开放的快车道。改革的第一声春雷炸响了，安徽、四川等地的农村最早开展了家庭联产承包责任制的试验。

家庭联产承包责任制是农民自发采取的改革措施。从1979年起，在党的十一届三中全会精神鼓舞下，家庭联产承包责任制迅速推广。因为实践表明，它使农业增产了，农村面貌改善了，农民收入增加了，给农业、农村、农民带来了发展动力，带来了希望。

农民的积极性提高后，乡镇企业也发展起来。乡镇企业自筹资金，自购设备，自谋产品销路，自聘城市退休技工来工作。20世纪80年代初，在中国有一道新的风景线——火车上、长途汽车上，经常看到一些农民模样的人带着大包小包，走向全国各地。他们是新兴的乡镇企业的推销员，带着样品和订单，到处推销本企业的产品。这样，大一统的计划产品市场被打破了，充满活力的乡镇企业商品市场形成了。这是奇迹，也是必然现象。中国经济逐渐走向市场经济，乡镇企业功不可没。

农业增产增收促使养殖业、蔬菜种植业兴起，农贸市场相应

发展，多年少见的鸡鸭鱼肉、香油、花生米和各色蔬菜等充满了市场各个角落。城市供应的丰富，使得实行多年的粮票、油票、肉票等票证就此取消。

这就是改革开放初期中国经济的新景象。它再次印证了马克思主义关于“人民群众是历史创造者”这一基本观点的真理性，奠定了中国特色经济学的底色，那就是：以实践为理论来源，坚持以人民为中心的研究导向，拒绝本本，拒绝教条主义，致力于调动亿万人民的积极性、主动性、创造性，从实际出发创造性地解决中国问题。

二、建立经济特区：以形成社会主义市场经济理论打开突破口

距离香港仅一水之隔的深圳，直到20世纪70年代末与香港的发展差距仍然十分悬殊。那时香港已经是一个国际化都市，而深圳只是一个小镇。情况从20世纪80年代初开始发生变化。1980年8月，深圳经济特区正式建立。当时，内地依然实行计划经济体制，而深圳的经济则按照市场规则运行；内地只有小商小贩经营，而深圳则可以成立和发展私营企业。

于是，深圳成了国内最早开放的地方。经济特区建立后，深圳面貌迅速发生改变。内地各省市的资金源源不断地流入深圳，内地各省市的人才同样源源不断地到深圳去寻找发展机会。深圳

也是最初的农民工就业地。从20世纪80年代起，深圳的建设速度远远超过香港。高楼一栋栋拔地而起，马路一条条又宽又平。深圳再也不是一座小镇，而变成一座国际性城市，规模比香港大很多，人口也多于香港。难怪全世界都称赞“深圳速度”。

当时建立的经济特区有深圳、珠海、汕头、厦门，随后又兴办了海南经济特区。刚建立经济特区时，在内地一些场合还能听到“深圳姓社还是姓资”的议论。这是难以避免的，因为深圳的转变在不少人看来已超出了常规。到了1992年，邓小平同志再次到深圳考察的讲话在报纸上发表，此后深圳“姓社而不姓资”的看法得到越来越多人的认同。人们更加清楚怎样判断深圳的制度属性：难道深圳不是社会主义经济的试验区吗？难道深圳不是社会主义制度下中国政府的管辖区吗？

兴办经济特区，是党和国家为推进我国改革开放和社会主义现代化而做出的一项重大决策，是探索中国特色社会主义道路上的一次伟大创举。建立经济特区的意义不仅在于利用外资引进、管理和技术，更在于开拓出了一种重要的改革方法和研究方法——摸着石头过河；在于得出了一个新的认识——开放带来进步，封闭导致落后，开放也是改革；在于开辟了完善和发展中国特色社会主义制度的试验场——经济特区既是探索社会主义市场经济的大舞台，也是理论创新的大平台。以经济特区为突破口和有力引擎，我国实现了从高度集中的计划经济体制到充满活力的社会主义市场经济体制、从封闭半封闭到全方位开放的历史性跨越，中国特色经济学也完成了从研究封闭半封闭经济体到研究开放型经济体、从研究稳态经济体到研究转型经济体、从研究计划经济到研究社会主义市场经济的华丽转身。特别是创造性地把社会主义制度和市场经济有机结合起来，逐步形成了社会主义市场经济理论和中国特色对外开放理论，奠定了中国特色经济学的基础。

三、国有企业股份制改革：国有企业改革理论丰富和发展起来

20世纪80年代中期，经济学界在讨论如何进行国有企业改革时，承包经营责任制一度引起人们的关注。当时，人们提出了“首钢经验”。这是指：首都钢铁公司采取承包经营责任制以后，效益提高了，利润增长了；而从性质上看，企业依然是国有的，所以无论从大方向上考察，还是从企业管理方面分析，承包经营责任制都具有很大可行性。于是从1987年起，国务院决定在一些省市实行承包经营责任制改革试验。稍后，逐步形成了全国性的“承包热”。

然而，不同意实行承包经营责任制的经济学家从这一制度实行情况的调研中，得出了国有企业不宜采用承包经营责任制的论断。主要理由是：第一，承包经营责任制没有解决国有企业产权不清晰这一根本性问题。在承包经营责任制之下，产权依旧是模糊的，这无益于国有企业的实质性改革。第二，承包经营责任制

使企业侧重于短期行为，如为了完成承包任务，企业行为趋于短期化，拼设备，拼消耗，结果受损害的是国有资产。第三，承包经营责任制使企业的国有财产主管者同承包者在承包费高低上不停讨价还价、争吵不已，谁为国有资产保值增值而操心？第四，首都钢铁公司的承包经营责任制是在国家税收优惠条件下实行的，其他国有企业实行承包经营责任制，如果得不到类似的国家税收优惠，能取得同样的效果吗？不可能。

经过有关国有企业承包经营责任制的讨论和质疑，特别是经过实践的检验，20世纪90年代之后，“承包热”冷却下来，国有企业改革转到股份制改革道路上来。股份制企业可以采取股份有限公司形式，也可以是上市公司，但一个共同特征是：产权清晰。这样就可以按照国有企业所属行业不同，分别制定国有企业股份制改革方案。

整个20世纪90年代，股份制改革都是经济体制改革的重点。股份制企业大体上分为两大类，一类是经营性行业的国有企业，国有资本控股多少不采取统一标准，根据行业性质和企业规模而定。这样改制的企业，可以称为混合所有制企业。另一类是特殊行业的国有企业，在实行股份制改革后，需要国家控股；至于国家控股多少，也要依据行业性质和企业规模而定。

20世纪90年代的股份制改革是一件大事。它的主要意义不在于开辟了向资本市场融资的渠道（当然，融资也是重要的），而是切实转换企业运行机制。为此，必须健全企业法人治理结构，包括股东会、董事会、监事会、经理，进一步完善考核制和任期制，建立现代企业制度。股份制企业法人治理结构的完善，不是短期内就能完成的任务，但只要改革方向对头，进一步改革和完善企业治理结构就有希望。再进一步看，由于改革开放初期我国处于市场既不完善而又缺乏真正市场主体的状态，所以改革应当以产权改革为主线，而企业股份制改革则是明晰产权、界定产权、培育独立市场主体的最佳途径。以股份制改革和建立现代企业制度为基础，国有企业改革理论逐步丰富和发展起来。

四、从林权改革到农村土地确权：中国特色产权理论建立

1979年全国各地农村开始推广家庭联产承包责任制时，本来没有把林地包括在内，但当时一些地方把林地也给承包了。正值改革初期，农民们对改革形势还认识不清。一些人承包了林地之后就开始砍树，他们认为政策可能改变，今年既然把林地承包给我，不砍树卖钱就可能吃亏。结果，砍树成风。这导致了林地承包改革的停滞。直到21世纪初期，才在福建、江西、辽宁、浙江等省进行林权改革试验。2008年6月，中共中央国务院颁布了《关于全面推进集体林权制度改革的意见》，一场意义深远的重大改革才正式启动。

林地承包到户比耕地承包到户晚了20多年，但在理论和实践上有三个突破：一是明确了“70年不变”的年限。70年时间，孙子辈都长大了，正是“爷爷种树，孙子乘凉”。林农的积极性大

增，爱林护林的热情高涨。二是林地承包经营权和承包林地上的树木可以用于抵押、取得贷款。这样，林农发展林业和开发林下经济就有了资金。三是林地承包究竟承包给哪一级？是村级、乡级还是林业合作社？当时学术界曾有争论。而中央的决策是承包到林农户，“一竿子插到底”。这就大大调动了林农的积极性。

集体林权制度改革为下一阶段的农村土地确权做了准备。农村家庭联产承包责任制推广时，并未经历土地确权阶段。林地确权了，发了产权证，明确了财产权，林农安心了，现在轮到农村土地确权了。浙江、重庆、四川等省市，在党的十八大召开前后，试行了农田和宅基地及其上面农民自建住房的确权工作。具体地说，农民的承包地有承包经营权，农民的宅基地有宅基地使用权，农民在宅基地上自建的住房有房产权，三权（农民承包土地的经营权、农民宅基地的使用权、农民在宅基地上自建住房的房产权）和三证（农民承包土地经营权证、农民宅基地使用权证、农民在宅基地上自建住房的房产证）配套。这样，农民的心就定了，不怕土地会无缘无故地被圈走。这就大大激发了农民的生产积极性。

农村土地确权在保证农业用地（耕地和建设用地）使用方向不变的前提下，使农民的财产权益得到保障。同时，它也使农地承包户成为真正的市场主体。在国有企业改革和农村土地确权的推进中，以产权界定、产权清晰、培育真正市场主体为主要内容的中国特色产权理论建立起来。这一理论建立在公有制为主体、多种所有制经济共同发展的基本经济制度基础上，是为了不断增强国有经济活力、控制力、影响力，激发非公有制经济活力和创造力，大力发展现代农业，与西方鼓吹私有化的产权理论有着本质区别。当前，农村土地确权后的土地流转工作还处于试点阶段，关于“非粮化”（原来土地上种植粮食，而新承包者改种其他作物）倾向问题，工商企业进入农村的资格审查制度问题，承包地、宅基地和宅基地上农民自建房屋能否用于抵押的问题等，都需要对中国特色产权理论进行深入研究，做出科学回答。

五、农村新气象和农民创业热：为人力资源理论增添新内容

农民的积极性之所以在土地确权以后高涨不已，是因为这些改革措施符合中国国情，是从长期改革发展实践中总结出来的。在世界各国的经济学教科书中，哪里有从农村家庭联产承包责任制到农民落实财产权的记载？只有懂得中国特色的中国经济学家才能对此进行深入研究，才能解释清楚为什么中国要这样做。

农村土地确权以后，土地流转大大加速。一些农民在外地务工多年，学会了经营管理，有了技术，积蓄了资金，为了求得进一步发展而回乡创业。他们珍惜自己的承包地，还通过转包、租赁等方式，决心办好家庭农场，从事种植业、养殖业、果树业，并不断扩大规模。还有一些农民有手艺，有专门技巧，或善于经商。他们把自己名下的承包地转租出去，一心一意扑在外出经商上。他们是当前中国的另一类创业者。

与此同时，耕地并没有荒芜。田，总是有人来耕种的。在浙江一些地方，本地有技术、有手艺的人外出经营，外地的农民就来种田了。我的故乡江苏扬州仪征，本地的农民去外地就业，苏北的农民就来种地了。他们在这里种地可以得到较高的收入。农民中的一部分人已经是新型农民。他们不仅种田，而且懂得市场需要什么、怎样满足市场的需要。

改革开放以来，中国人力资源的流动数量和流动速度是世界罕见的，因此研究农村与城市之间人力资源的双向流动成为中国特色经济学的重要内容。人力资源流动是提升人力资源质量的重要条件，因为人力资源流动意味着有更多的就业机会、创业机会在等待着各种专业人才、技术工人，这也鼓励更多的劳动者去深造、学习，以适应市场的需要。从这个意义上看，人力资源流动性强，表明人力资源中蕴含着巨大的发展潜力。如果缺乏流动性，则表明人力资源的潜力可能接近于枯竭。

六、有中国特色的新型城镇化：孕育出中国特色城镇化理论

在西方发达国家，城市化和工业化基本上是同步的。城市化开始时杂乱无章、缺乏统筹安排，以致环境污染、交通拥堵、居民生活质量下降，失业人数也日益增长，于是就形成了所谓的“城市病”。等到西方国家的政府发现这一系列问题时已经晚了，不得不花费更多的财力和人力去解决。

中国的城镇化除了遇到同西方发达国家当初类似的问题，还有中国特殊的问题，这就是城乡二元户籍制度。比如说，农民工进城后，虽然已工作多年，但农民户籍未变，身份仍是农民，难以融入城镇社会，不能和城镇居民享受同等待遇。因此，中国必须走适合中国国情的城镇化道路。城乡二元户籍制度改革势在必行，但又必须分阶段推进。这确实是个难题，也是中国的经济学者必须认真对待的课题。

一种做法是推行“积分制”。这是根据深圳、上海等城市的经验总结出来的做法。以上海为例。改革开放以来，不少苏南、苏北、浙江、安徽等地的农民工涌入上海的企业工作，他们已成为上海工业企业中的骨干力量，但依旧是农民户籍。为了留住这些人才，上海推出了“积分制”，即把外地来上海工作人员的学历、技术水平、来上海工作年限、是否得过奖等一律折成“分”，“分”够了就转入上海城市户籍。“积分制”已被国内一些城市所借鉴。

另一种做法是“分区推进”。老城区重在改造，包括工厂迁走，棚户区改造，发展商业和服务业，建成适合人们居住的城区。新城区重在培育经济增长点，成为高新技术区、工业园区、物流园区等。新社区则是农村改建而成的，重在集中居住，使农民有舒适清洁的住宅和环境，公共服务设施齐全，城乡社会保障一体化。做到了这些，村的建制就改为社区建制，于是整片地区转为户籍一元化的新社区。无论老城区改造、新城区建设还是新社区改建，关键都在于以人为本。

这就是中国特色的新型城镇化，是“就地城镇化”“以人为本的城镇化”，它孕育出有中国特色的城镇化理论。也就是说，中国经济学者研究中国城镇化问题，不可能照搬其他国家的城镇化模式和做法，而只能从中国的实际和实践出发，找到有中国特色的城镇化规律，求解适合中国国情的办法，总结出与其他国家不同的结论，构造起全新的分析框架。

七、精准扶贫：中国特色经济学要关注并推动实现共同富裕

中国是世界最大的发展中国家，改革开放初期又十分贫穷。改革开放以来，我们在扶贫方面取得了巨大成就，7亿多贫困人口脱贫，创造了人类历史上绝无仅有的扶贫奇迹；人民生活实现了从温饱不足到基本小康再到建设全面小康的大踏步跨越。但随着贫困人口减少，“大水漫灌”式的扶贫效果已不甚理想。为了使扶贫资金发挥更大作用，为了让全体人民共同迈入全面小康社会，最近几年我国采取了“精准扶贫”的做法。

不管扶贫资金来自财政拨款还是来自金融信贷或民间捐赠，都要用得有效。为此，关键是把握以下三个原则：第一，贫困地区的村干部和农民都要转变观念，不能有依赖思想。要认识到贫困地区脱贫致富，一定要建立在自力更生、艰苦奋斗的基础上。这样才能在扶贫资金的帮助下摆脱贫困。第二，必须根据当地的实际情况找到致富产业，并齐心协力把致富产业做强做大。第

三，要留住劳动力，包括欢迎外出务工的农民回乡创业。一个村寨，如果青壮年劳动力都外出了，村里只剩下老弱妇孺，即使有再好的规划，也富裕不起来。

对于一些居住在高山上等自然条件恶劣地方的农户，要动员他们搬出来，妥善安家，经营林下经济或养殖业、手工编织业等，这样也能逐渐富起来。

扶贫问题是中国特色经济学研究的重要问题，这与西方经济学有很大不同。西方经济学把人抽象成“理性人”，实际上就忽略了人的各种需求。而中国特色经济学在研究中把人还原为现实人，关注满足人的各种现实需求，关注调动人的积极性、主动性、创造性。西方经济学缺乏人文关怀，也缺少推动实现社会共同理想的内容。而中国特色经济学关注社会共同理想的实现，是为实现全面建成小康社会、实现中华民族伟大复兴中国梦等社会中长期目标和人民共同富裕而服务的，它研究的主题和核心是解放和发展生产力、让人民群众的生活质量不断提高、使社会主义制度的优势不断发挥出来。因而，它不仅研究人民群众积极性的涌现和物质生产的增长，而且始终关注人们觉悟的提高和道德水平的提升，是更加贴近现实需求、更加人性化的经济学。

八、经济新常态和转变发展方式：开启中国特色经济学创新空间

改革开放后一个时期，我国经济发展基本上以追求数量和规

模为目标，不少地方相对忽视质量和效益提高，这在经济起飞、快速摆脱贫困阶段是很难避免的。最近几年，我国经济发展进入新常态，提高经济发展质量和效益的重要性日益凸显。中央提出要主动适应、把握、引领经济新常态，这不仅对经济发展实践具有深远指导意义，对中国特色经济学创新发展也具有重要指导意义。

适应、把握、引领经济新常态，就是按经济发展规律办事，不做违背经济规律的事情。现阶段，高速增长已不符合经济发展规律，它至少会带来或加剧五个方面的后果：资源过度消耗；生态环境破坏；部分行业产能严重过剩；低效率；错过结构调整和技术创新的最佳时机。因此，在新常态下推动经济发展的主要任务是调结构、去产能、补短板，加快转变经济发展方式。至于经济增长速度，维持在6%~7%的中高速就可以了。

调结构是转变经济发展方式中最重要的事情，但也是十分困难的事情。为了调结构，必须痛下决心消除产能过剩现象。那么，应该如何对待下岗人员？其实，与其让政府养亏损企业，不如养职工。这是因为，该关闭、淘汰的企业是一个个无底洞，与其填无底洞，不如让它们破产重组。而职工则可以分为两部分，一部分是年长的职工，让他们退休，享受社会福利保障。另一部分是中青年职工，让他们接受职业技术培训，帮助他们在适当的企业找到工作；如果他们愿意自主创业，政府可以给予减免税等扶助措施，也可以鼓励银行给予贷款支持。

现阶段怎样补短板呢？基本做法是鼓励创新，鼓励民间资本流向高新技术产业和短板产业。世界上许多国家在这方面积累了经验。市场是可以创造的，市场份额不是固定不变的，市场只认可最优秀者。在市场竞争中，永远是优胜劣汰。有创意、有创新，就能抢占竞争制高点、得到市场青睐。这会激励更多的发明家和企业家齐心合作，不断推进技术创新、产品创新、商业模式创新。

根据经济学原理，在经济下行压力大时，既可以从需求侧进行调节，也可以从供给侧进行调节，二者是可以相互配合的。但需求侧改革着重于内需扩大，而供给侧改革着重于结构调整。与需求侧改革相比，供给侧改革更为艰难，也会涉及市场主体重组。对当前的中国经济而言，供给侧改革更有必要。也就是说，在经济新常态下，我们为了不贻误时机，理应通过结构调整和资产重组使国有企业增强活力，以适应新的形势；同时，支持和引导非公有制经济发展，使民营企业在供给方面发挥重要作用。当前正在发展构建中的供给侧结构性改革理论，是在中国经济土壤中生长起来的，是改革开放30多年我国经济发展经验的结晶，是中国特色社会主义政治经济学的重要内容，是适应和引领经济发展新常态的重大创新。这一理论的诞生，开启了中国特色经济学的巨大创新空间。

这里讨论了改革开放以来我国经济中的八个问题。虽然这八个问题远不能概括我国30多年改革发展所走过的全部路程，也显然不能穷尽中国特色经济学研究的重大问题，但至少可以说明中国特色经济学是怎样一步步建设和发展起来的。中国的经济学者，包括老、中、青三代人，热情参与了这一进程。我们之中，谁都不是先知先觉者，谁都不敢说自己在改革开放之初就已预料到中国经济所要经历的过程。改革发展的实践不仅从中国国情出发提出了一个又一个新课题，而且不断对经济学研究进行检验。没有改革发展的伟大实践，我们能学到这样丰富的经济学说吗？中国特色经济学能取得这些伟大的成就吗？

马克思主义是发展的科学，它不会止步于任何一个阶段上，马克思主义经济学研究者也不可能自称已到达经济理论的终点。中国特色经济学的建设和发展，足以证明马克思主义经济学说具有无限生命力，它会继续指导中国现代化建设实践，继续推动中国特色社会主义制度发展和完善。中国特色经济学是马克思主义经济理论在中国发展创新的重大成果，生动鲜活的中国特色社会主义经济实践是其发展基础和创新源泉。中国特色经济学必将继续随着中国特色社会主义的发展壮大而茁壮成长、开枝散叶。

（原载《人民日报》2016年6月27日）

振兴“中华老字号”重在体制转型和观念更新

目前，我国老字号企业的状况令人担忧。商务部认定的“中华老字号”企业（以下简称老字号企业）有1000多家，其中70多家为上市公司。这些老字号企业中，仍在不断发展壮大的只占20%到30%，多数经营情况欠佳，一些老字号企业甚至空有品牌，已无产品上市。老字号企业不仅是营利性市场主体，而且是中华文化的重要载体，其振兴具有经济和文化的双重意义。那么，究竟怎样才能振兴老字号企业呢？总体来看，必须从体制转型、观念转变、管理创新、技术创新和营销创新等方面着手，促进老字号企业重新走向辉煌。

一、走混合所有制道路

走混合所有制道路，这是决定老字号企业前途命运的首要问题。

老字号企业以生产日用消费品为主，不是特殊行业的企业，不必要求其实行国有资本控股。根据目前已经改制为股份制企业特别是改制为上市公司的老字号企业的经验，老字号企业改制为混合所有制企业是可行的。国家可以在改制后的老字号企业中继续保持一定的股份，但对于国有资本占多大比例不宜预设杠杠，一切应以有利于老字号企业发展为目的，根据行业特征和企业具体情况而定。同时，老字号企业改制成为混合所有制企业之后，应建立健全法人治理结构，形成股东会、董事会、监事会和职业经理人制度。这些机构都不能徒有虚名，而必须有实权，并按时开会，发挥好各自的作用。

现阶段，我国老字号企业中一些有品牌、有活力、有市场的企业想打入国外市场，但往往既缺少资本又缺少人才，更缺乏对目的地文化和居民生活的了解，以致难以如愿。实际上，在国际市场上，外资对某些有市场前景的非本国企业进行投资是国际惯例。把在国外的分支企业改组为中外合资企业，正是老字号企业走向国际市场的重要渠道之一。何况，国内老字号企业在国外的分支企业同外资合作后，对国内的母公司依然是有利的，比如可以提高品牌知名度，可以借鉴国外市场经验，等等。即使有些分支公司在中外合资后由国外资本控股，但中国资本仍保留一定的股权，那么，只要能扩大市场、扩大销量，国内持股方的资产仍会增值。这同样有利于老字号企业母公司的发展，促进其品牌无形价值的提升和国内母公司技术、管理的升级。

二、同甘靠制度、共苦靠精神

老字号企业拥有独特的文化内涵，形成了品牌优势。在企业发展史上，职工发挥积极性，为企业争光、为品牌争光。现在，为什么不少老字号企业丧失了当年的锐气，得过且过，缺少管理创新的动力呢？应当承认，这在一定程度上是企业体制所带来的问题。

目前，不少老字号企业处在“吃大锅饭”、混日子甚至等待别的企业来收购兼并的状态。出现这种情况，关键在于它们既降低不了高昂的管理成本，又调动不了从高管到员工的积极性，最终陷入难以给员工发出工资的困境。所以，对大多数老字号企业来说，唯一的出路就是深化改革，适应市场新变化，满足市场新需求。有了合适的体制，管理成本就会逐步降低，职工素质也会不断提高。

有人提出，实行产权激励制度和员工持股制度是一种有效办法。我认为，在老字号企业没有实现体制转型之前，不宜匆忙推出产权激励制度和员工持股制度。道理很简单，无论是产权激励还是员工持股都应以老字号企业改制为前提。如果依旧保持原来政企不分、产权不清晰和法人治理结构不完善的状况就匆忙实行产权激励或员工持股，企业就可能陷入新的混乱状态，导致企业内部矛盾激化，结果反而为改善经营管理增添困难。

要知道，“同甘共苦”这四个字不能笼统而言，“同甘”和“共苦”不是一回事，“同甘”靠制度，“共苦”靠精神。为什么说“同甘”靠制度呢？这是因为：如果企业处于兴旺发达的状态，如何分享企业的盈利，必须有制度可循。不遵循制度，企业就乱了，员工们就会有各种各样的意见。“共苦”靠精神，这是因为：如果企业处于长期亏损状态，连工资都发不出来，一些员工想离职而去，这时“靠制度”留人就不够了。即使劳动合同规定了员工在合同未到期之前辞职需要支付一定的罚金，但要辞职的员工会说，“要罚款，我认了，总比困在亏损企业中好”。可见，“共苦”仅靠制度是不够的，还必须靠精神，靠员工对企业的认同，靠员工和企业共命运的精神。如今，不少经营不佳的老字号企业所缺少的不仅是完善的制度，而且是员工和企业共命运的精神。

因此，要振兴老字号企业、提高企业效率，一定要形成、珍视员工和企业共命运的精神，同时要及早完善企业管理制度。

三、技术创新和品牌创造

振兴我国老字号企业需要解决的另一个重要问题，是努力更新技术、实现产业升级，在发挥原有品牌优势的同时努力创造新的品牌。

品牌是依靠企业多年拼搏而形成的，也是依靠不断推动技术进步和产业升级而维护的。老字号企业的高管应该懂得这样一个道理：品牌是企业经过多年努力才建立起来的，而品牌的丧失往往发生在不注意或不遵守市场规则的“瞬间”。例如，一次失信就可能把多年打造的品牌毁了。这种情形并非罕见。

除了诚信这一必要条件，老字号企业更新技术、提升品牌优势和知名度，至少还要具备三个条件，即资金、人才和市场。

无论是添置新设备还是开发新产品，都必须有资金。有些老字号企业想更新设备、开发市场所需要的新产品，但融资筹资困难成了拦路虎。没有资金如何实现产业升级、产品换代？为了缓解资金不足问题，有些老字号企业采取了如下措施：通过银行借到用于设备投资的资本；在重大新产品开发项目上申请政府的支持；通过改制转向混合所有制企业后，采用吸收民间资本、员工持股以及发行企业债券等方式增加资本。

至于老字号企业如何解决人才不足问题则比较复杂，可以分为近期和中长期来讨论对策。从近期看，可以招聘国内外有关专业的大学毕业生、研究生或有专长的技师。老字号企业在改制后，对于有专长并为本企业做出贡献的人才可以按规定实行产权激励。从中长期看，应根据行业特点、企业特点和工作特点，制定企业人才培养规划，同有关高等学校、技术院校和科研院所订立联合培养人才方案和重要产品研发方案。

四、营销创新和市场创造

多年来，许多老字号企业忙于生产而不重视市场营销，更不了解“市场是可以创造的”，结果老品牌的光辉日益黯淡下来，新品牌却与企业无缘。这些企业依旧守着“酒香不怕巷子深”这句老话，眼看着顾客越来越少，却不知道如何重振企业，如何收回本该属于自己的市场。

这里至少有两个问题值得老字号企业的领导层思考：一是今天的消费者已经不是30年前的那些消费者了，更不是60年前、100年前的那些消费者了。对今天的消费者必须有新的认识，这样才能赢得市场。二是市场从来没有一个固定的规模，市场是可以创造的。可以说，创造市场，市场就不断扩大；贬损市场，市场就不断收缩。

首先，要深刻认识消费者群体的变化。100年前、60年前甚至30年前的消费者，可能大多数是“经济人”。这里所说的“经济人”是古典经济学中的一个术语，就是时刻把“最低价格、最大满足”作为行动目标的人，成本越低越好、满足越大越好是他们的行为准则。所以“经济人”又被称为“理性人”。然而，时代变了、物品多了、花色翻新了，消费者也就逐渐转变为“社会人”“现实的人”。越来越多的消费者懂得“最低价格”或“最小成本”是不可能的，“最大满足”和“最大效益”也是做不到的，因而不会去做根本做不到的事情。对他们来说，任何一次购买只要“遗憾较小”就行了，何必花那么多的时间和精力去追求

“最大满足”呢？人们从实践中懂得“时间不能储蓄，而货币是可以储蓄的”，何必为了节省货币而浪费时间呢？这就是消费者从“经济人”“理性人”向“社会人”“现实的人”转变的原因。今天的企业包括老字号企业在内，如果不了解消费者心理的变化，不去预测今天的消费者和二三十年以后的消费者的行为，就难免失去市场。

其次，要努力创新市场。市场是可以创造的。创造新的市场，无疑需要新产品。新产品投入市场，需要打广告、参加展销会和进行推广活动。否则，谁能搞清楚新产品和原有产品的区别何在？还应看到，企业开拓市场、争得消费者，固然需要推出新产品，但赋予旧产品新功能而打造出的“新产品”，其实也能开拓市场。比如，手机在10多年前已经普及了，但那时的手机功能很简单，只有通话和收发短信等功能。现在，手机增加了很多新功能。每增加一些新功能，消费者就会更换手机。这正说明，给产品增加新功能，同样可以扩大市场。

五、文化传承和文化自信

从文化的角度看，“中华老字号”是中华文化的宝贵资源。从这些老字号企业的创立和奋斗经历、从它们一代代传承下来的规矩和信条、从它们品牌的延续以及某些老字号企业在国内外收获的声誉和称赞中可以了解到，这是经得起历史考验的珍宝，不但不能在我们这一代人的手中毁掉、丢掉，而且一定要让这些老字号企业通过体制转型、观念更新再创辉煌。这也是一种文化传承。

当然，讲文化传承并不是要把老字号企业以往的做法全部继承下来，而应有所选择。老字号企业所留下来的，也有一些是同旧习俗、旧社会风气有关的做法。这些习俗和做法，有些在当初公私合营特别是改为国有企业后已经废除了，有些在后来的实践中被舍弃不用了，这都是正常的。老字号企业所代表的文化遗产，该留则留、当弃则弃，这样才真正有助于文化传承。

我们对老字号企业的进一步改革和发展是在对制度自信和文化自信重新认识的条件下进行的。之所以把体制转型和观念更新放在振兴老字号企业重中之重的位置上，正是因为我们有着坚定的制度自信和文化自信。我相信，通过改革，通过体制转型和观念更新，一定能在新形势下使老字号企业再度成为中华文化的样板。

（原载《人民日报》2016年11月10日）

土地的确权、流转，“城归”的出现，带来中国农村新的变化

——一场人力资本革命正在悄悄进行

一、中国土地确权与流转制度变革带来了“城归”群体

从中国20世纪70年代末开始实行承包制后，到十八大之前，中国已经意识到农民工供不应求的问题。究其原因，因为经济在变化，有质量的出工劳动力供给越来越少，而需求却越来越大，于是，如何将技工留在本地的问题便浮现出来。

十八大后，中国农村的发展出现巨大的变化，主要体现在土地确权和土地流转这个关键问题上。我们到杭嘉湖一带考察，在嘉兴市发现当地土地确权开始验收了。我们到县级市平湖的几个村镇，发现路边堆满炮仗，祝贺土地确权成功。土地确权的验收使得土地流转随之动起来，城乡收入差距大幅度下降。嘉兴市向全国政协汇报的材料表明，土地确权以前，城市人均收入和农

村人均收入之比为3.1∶1，土地确权验收后，城乡人均收入之比变成1.9∶1。比值缩小的原因主要有三个：第一，土地确权的影响。土地确权以后，农民就开始考虑了：得好好种田了，因为这个土地是我的财产，我一定不要辜负这块土地。家庭农场就发展起来。第二，土地流转机制的作用。农民若出去打工、做生意，同样可以将土地转租给别人，土地总有人租的。在浙江考察，是安徽人来种田；在苏南考察，是苏北人来种田。第三，宅基地确权的影响。农民人均收入的提高是因为宅基地确权了。我们在嘉兴平湖市看到的各村镇，全是四层楼的房子，房主解释道："这么大房子，我一层租给外地来做生意的人开店用，二层给他们住，我们家住三层、四层就够了。"这就是房租收入大幅度增加的原因。中国农村新的时代从这里就开始了，农村的变化，不仅缘于承包制，也必须考虑土地确权的影响，必须在土地确权基础上实现土地流转，规模经济才能实现。"城归"这个名词便由此出现。

什么叫"城归"？城归类似于"海归"，是指从农村出去打工的农民，经过一定时间的工作，积累了经验、人脉、储蓄，更重要的是有了技术。农村需要人，便回来了。通过我们考察的几个地方可看出，这种现象是非常普遍的。

第一个考察的是陕西汉中地区的西乡县。因为汉江的南水北调和丹江口水库的建设，沿汉江两岸的各县规定，农田不准撒化肥、农药。因此，西乡县转而开始种茶树。当地的富硒茶远近驰名。种树遍及西乡县后，由于缺乏劳动力，急需让外出打工者回乡。外出打工者常年奔波在外，心系家庭，一听说家里需要劳动力，便都回家了。于是，西乡县便发展起以生产富硒茶为主的茶树种植业。种茶树引起的劳动力结构的变化，便是“城归”的表现。

第二个例子是在贵州毕节考察时看到的。在贵州毕节，很多打工的都回来了。回乡可以用在外学到的手艺谋生。我以前去毕节考察过好多次，没有发现毕节人吃蛋糕、面包的。这次去，街上很多地方都有面包房。不但做面包，还做蛋糕，这带动了社会风气的转变，小孩、老人过生日，家里有什么事都要订蛋糕，这些面包房就是“城归”开办的。在毕节还看到一个景区，叫百里杜鹃，旅游的人多，汽车也多，经营餐饮业、汽车修理的小店铺都是外出打工者返乡经营的。劳动者的观念都变了。中国“城归”是个新的群体。据我们最近的调查，“城归”人数大约已经占到4000万外出民工的四分之一，并且还在变化。

二、中国正在无声无息地进行城乡户口一元化，旧的人口红利没有了，新的人口红利正在产生

土地的确权、流转，“城归”的出现，给农村带来了变化。在城乡二元体制改革以后，“农民”不是一种身份，而是一种职业。过去城乡二元体制把人管住了，有农民户口的就是“农民”，“农民”就是身份，现在这种限制消失了。中国正在无

声无息地进行城乡户口一元化，而且进行得非常快。举个例子，去年，我参加一次教育发展规划学术研讨会，苏州市教育局局长说，苏州市农民工的留城采用了积分制，这就是大变化。什么是积分制？就是通过计算年龄、学历、工龄、是否得过表彰等计算出分值，如果分值达到标准便可全家落户。这样人心便稳住了。

农民进城还有一个办法，就是分区推进。分区推进建立在新农村的基础上，加强公共服务业，在此之上，再让社会保障逐步和城镇取得一致，逐区推进。有不少人在农村中自己学习。农村现在最时髦的一点，就是进学习班。学习班是为农场主培养第二代的。随着第二代逐渐长大，如果他们没有农业技术基础，怎能接班？另外，进城也会使得人脉增多、创意增多。外国人说中国的人口红利已经没有了，这个看法是不对的，旧的人口红利没有了，新的人口红利正在产生。如果去农村看一看，这是一种无形的变化，这个变化对中国的影响是很大的。

三、中国人力资本革命正在悄然进行，实际上为中国下一步创新做准备

将来还会不会有农民工？我认为，农民工作为一个历史的名词以后会消失。因为农民工是两种户口制度之下才有的，是两种户口制度的表现，即一个人的职业是工人，但身份却是农民。而随着城乡户口一体化，这种现象消失了。我们很难预料若干年

后的中国经济怎么样，但有几点是可以肯定的：消费观念会变，投资的模式会变，就业的形势会变。一切都在变化。甚至几十年后，企业家也未必叫企业家了。更重要的是会出现某一个领域的领路人。在领路人的引领下，大家都往这个方向前进。今后，在新的领域内又会出现新的领路人。所以，对中国社会的变化应有充分的了解。

创新是重要的，人力资本的革命，实际上为中国下一步创新做准备。对创新的概念也应该有新的认识。创新是100年前美国经济学家熊彼特提出来的概念。现在的创新和熊彼特提的创新概念不一样了。熊彼特的创新是指生产要素的重组，但现在的创新首先是信息的重新组合，重点是信息。在熊彼特看来，创新活动的组织者，必须借助银行的融资才能有创新。但现在重在创意，有创意被投资者看中了，投资人会自然而来。

俗语说，失败是成功之母，这句话有一定道理。但现在人们已经了解到，成功的关键在思路的改变。“改变思路”就成功了。有了小成功，就有了大成功。所以成功是成功之母。很多观念都在发生变化。这表明我们能够赶上这个时代，大量年轻人赶上了这个时代。这也表明一场人力资本革命正在中国悄悄形成。不少外国人还不了解中国，他们不知道中国人力资本革命所带来的成果，也许时间越久才看得越清楚。

（原载《北京日报》2016年12月12日）

供给侧结构性改革和新动能的涌现

一、新动能代表一种新理念和一种新体制

在改革开放30多年以后，人们普遍认识到供给侧结构性改革已越来越重要，越来越迫切。一是因为，企业（包括国企、混合所有制企业、民营企业）应当具有充沛的活力和动力，唯有深化改革，明确产权，保护产权，才能把企业作为经济主体的积极性调动起来。二是因为，结构必须调整，走向合理化，这些都需要从供给侧着力，包括去产能，去库存，去杠杆，降成本，补短板等，否则结构的不合理都会存在。三是因为，供给侧结构性改革的成果明显地反映于新产品、新设计、新工艺、新业态的涌现，这样才能突出技术创新、管理创新、营销创新的成果。

实践清楚地表明，新动能意味着新的发展动力、新的发展方式，是供给侧结构性改革成果的体现。在中国今后的经济增长过程中，新的发展方式尤其重要。可以认为，只有转变发展方式，

即把数量型发展方式转变为质量效率型发展方式，才有可能使中国经济适应中国国情，才能及早超越所谓“中等收入陷阱”。

从这个高度来看，新发展方式下的新动能，代表了一种新理念和一种新体制。当广大企业和公众都能认识到技术、管理、营销等方面的压力不仅不是一种坏事，而是新常态时，发展方式的转变就有了方向和目标。

二、新理念和新体制的形成取决于一代新人的成长

新理念和新体制的形成要依靠广大公众，但起决定性作用的是一代新人的成长。具体地说，取决于企业家群体、政府管理人员群体、广大技术队伍群体、农民这一职业群体，以及新加入就业大军的年轻人。他们在经济实践中懂得，为了促进发展方式的转变，一定要形成新的发展理念，形成对新的市场经济体制的新认识，并且投入到创新创业的大军之中。

一代新人正是这样成长起来的。生产要素的重新组合固然有一定的作用，但更重要的是信息的掌握和重新组合。在信息化的大环境中，没有信息的重组是开创不了新局面的，也无法具备转变发展方式的动能。

一代新人通过创新和创业的实践，无疑会懂得发展方式的转变和新动能的涌现绝不是短期就能完成的，也就是说，适合中国国情的供给侧结构性改革不可能很快实现，这将是一个渐进过

程。不能贪快，不能只顾形式而放弃质量和效率。发展方式的转变之所以重在实效，正是汲取了以往多次转换传统发展方式徒劳无功的教训。

一代新人的成长告诉人们：供给侧结构性改革过程必然是人力资本大幅度升级的过程。企业家在学习，政府管理人员在学习，技术专业人才在学习，职业农民在学习，更有千千万万大学生、研究生、创意者、创新者、创业者在学习。遍布城乡的新人，学到的不仅是知识和技术，而且包括了市场规律、筹资方法和道德原则。这就是新时代的特色。

三、落实产权的有效保护必将大大调动各界的积极性

供给侧结构性改革中一个重要组成部分，就是建立以公平为核心的原则，实行产权保护制度。

一是保护各种所有制经济的产权。公有经济的产权不可侵犯，非公有制经济的产权同样不可侵犯，必须树立法律的最高权威。在法治条件下，各类产权都能得到保护。

二是要坚持全面保护各类产权，包括物权、债权、股权、知识产权和各种无形资产。

三是政府必须守法，不得以政府换届、政府部门领导人更替等理由使政府失约毁约，政府及其工作人员更不得将公共利益任意扩大化，侵犯各种所有制经济的产权。

四是对历史遗留下来的产权纠纷，政府要站得高，看得远，完善政府守信践诺机制，取信于民。

落实产权的有效保护意义重大。“有恒产者有恒心”这句古训，至今仍然是正确的。这表明，政府一定要让公众有财产的安全感，有创新创业的信心，让各界人士都能在自己的领域内发挥积极性。

这正是转变发展方式所不可缺少的。

四、衡量供给侧结构性改革的成效主要依据创新创业的业绩，以及资源转化为资本的能力

如前所述，如果不进行供给侧结构性改革，产能过剩状况将继续存在，质量和效率型的发展方式的实现将是困难重重，难以促进经济的持续稳定增长。

如果不进行供给侧结构性改革，短板始终是短板，发展方式依旧转变困难，生产成本和管理成本始终降不下来，市场开拓无望，国民经济只得在原地徘徊。

如果不进行供给侧结构性改革，人力资本不升级，也就适应不了国际经济的大环境，难以进入世界前列。

由此得出一个事关中国经济前景的结论：供给侧结构性改革是新动能涌现的前提，是新发展方式得以替代传统的数量型发展方式的基础。

那么，如何衡量供给侧结构性改革的业绩呢？主要依据创新创业的业绩，这是社会各界都公认的。在这里，还需要补充一点，即必须加强资源转化资本的能力。

在这里首先要了解资源和资本是两个不同的概念。资源是已存在但尚未被开发利用的财富，资本则由资源转化而来。资源只表明发展的潜力，新动能并非来自资源本身，而是来源于资源成功地转化为资本。人力资源、物质资源都是在转化为人力资本、物质资本之后才在经济中发生作用的。无形资源更是如此。例如，人际关系、信誉名声、和谐社会，等等，要靠人们去发现，才能让这些无形资本成为促进经济增长的力量。

因此，在推进供给侧结构性改革的过程中，一定不能忽视资源向资本的转化。只有站在这个高度来考察，才能够更加了解新动能和新体制的力量，才能体现“道路自信、理论自信、制度自信、文化自信”的力量。

振兴中国资本市场的关键问题：上市公司的质量

一、上市公司质量的第一个要求：要有技术创新的成果，并被投资者认可

在技术不断进步的条件下，每一个上市公司都面临着技术创新问题，这里包括了工业中的制造业、采矿业、冶炼业，还包括物流业、农业、畜牧业等。即使是服务业、商业也不例外。竞争在本行业中当然激烈，由于跨行业的产品有替代作用，竞争同样激烈。

因此，投资人会根据上市公司在技术创新方面的业绩和成就，选择投资对象，结果一些名牌老店也被看衰，后来者居上是普遍现象。

二、上市公司质量的第二个要求：要有健全的公司治理结构，管理是有序的

一个上市公司如果公司治理结构不健全，管理无序，必然会失去投资者的信任。即使存在着行业垄断、资源垄断，投资者认为这始终是不能持久的。

在上市公司中，企业并购是经常发生的事情，这是公司实现资产重组的要求。但重要的是：公司的治理结构可能有所调整，但不能久拖不决。公司治理结构要继续健全，管理一定要继续有序。这方面的反面例子不在少数。

三、上市公司质量的第三个要求：要有一整套市场营销方式，能不断开拓市场

现代市场上竞争是激烈的，营销方式的灵活、便民和创新，越来越成为上市公司在市场中所占份额多少的决定性因素。一个上市公司要保持原来的市场份额，绝不能掉以轻心。技术方面、管理方面、营销方面，全都一样，适者生存，不适者被淘汰。

四、上市公司质量的第四个要求：要有一支优秀的研发团队，以创新开路

任何一家上市公司在竞争性的市场上，都需要有一支优秀的研发团体，并有足够的经费支持，以创新开路。这表明一家上市公司的管理层是否有远见。加之，研发团队的人才是会流动的，如果没有一定的吸引人才的机制，人才被挖，特别是骨干人才被挖，损失巨大，甚至会一蹶不振。所以产权激励机制对上市公司是必不可少的。

以上四个要求是缺一不可的。如果缺少其中任何一项，都表明上市公司质量之不足，必须设法弥补、改造。在同行业上市公司竞争中，只有最优，没有次优。次优迟早要被投资者舍弃。

论旅游业的潜在需求和潜在供给

一、旅游业潜在需求和潜在供给的含义

1. 旅游业潜在需求的含义

旅游业的潜在需求是指可以转化为现实需求（即现实购买力）的个人财富存量（储蓄），以及可以预支、透支的个人未来收入。企业的现金储备、资产储备也可以成为旅游业的潜在需求，即可以成为企业用于职工旅游支出的资金。

2. 旅游业潜在供给的含义

旅游业潜在供给是指随时有可能转化为现实供给的供给投入，包括物质资源的供给、人力资源的供给。潜在供给可以反映于消费市场，也可以反映于投资市场。在需求不足时，潜在供给可以随时转化为现实供给。

3. 怎样把旅游业潜在需求变为现实需求？

如果现实需求很充足，旅游业的潜在需求暂时不会转化为现

实需求。如果现实需求不足，那么旅游业的供给过剩，这时将促使潜在需求向现实需求转化（具体表现为旅游者动用存款、现金储备，用于旅游）。人们有偶然收入，也是转化为现实需求的原因。

4. 怎样把旅游业潜在供给变为现实供给?

如果现实供给同现实需求相适应，潜在供给不一定转化为现实供给。但如果出现以下三种情况之一，都会刺激潜在供给的转变。

第一，人们的偶然收入增多，旅游需求增大，迫切需要加大供给。

第二，发现了新的、能吸引旅游者前去的景点，但现实供给不足，需加大供给。

第三，原来的旅游点增加了能吸引旅游者的景点，但现实供给不足，需加大供给。

二、旅游业潜在需求转变为现实需求的主要原因

1. 为什么旅游业的潜在需求会转变为现实需求?

根据消费者欲望的更替，在温饱问题解决以后，人们对旅游的需求会越来越大。这是人之常情，特别是对祖国的美丽山河、名胜古迹的旅游热情总是不断加大的。对旅游业的现实需求的增加是必然的趋势。

2. 旅游业的潜在需求转变为现实需求的积极影响

一旦旅游业潜在需求向现实需求的转化，是挡不住的。应当注意到以下五个因素的影响：

①居民收入增加后，必定会扩大对旅游的需求；特别是退休后结伴旅游。

②新旅游景点的不断开发，促成人们的旅游需求深化。

③亲戚、朋友、同学、同事之间的示范效应不断起作用。

④孩子逐渐长大，对孩子的教育成为家长最关心的事，于是纷纷全家出游。

⑤夫妇想趁现在还没有孩子时，多旅游一些，以免有孩子后不便旅游。

3. 旅游业的潜在需求无法转变为现实需求的不利影响

假定人们认为旅游业基础设施差，不安全，或交通不方便，或导游不规范，旅游者吃住又贵又不卫生，这样必然会发生两种情形：

一是暂时不外出旅游，认为旅游条件太差，旅游等于受罚，这样某些地区、某些景点的旅游会需求不足，从而影响当地的各类收入。

二是转向出国旅游，出国购物，国内一些地方的经济受到影响。

4. 政府及有关部门在促进旅游业潜在需求转为现实需求中的作用

如果发生上述的不利影响，政府及有关部门应做到：第一，加大基础设施的投资，改善交通、食宿的条件；第二，整顿旅游市场秩序，吸引旅客；第三，设法降低在国内能买到的外国产品的价格；第四，不断开发新旅游景点，以吸引旅客。

5. 谨防旅游业的潜在需求过度转化为现实需求

应当注意到，旅游业的潜在需求的转化应有序、有规划。如果过度把潜在需求转化为现实需求，从而导致需求过旺，对国民经济的稳定发展是有害的，最明显的结果是引起价格上升，同时还会导致现实供给的不足，服务质量的下降。这是需要关注的。

三、旅游业潜在供给转变为现实供给的主要原因

1. 为什么旅游业的潜在供给会转变为现实供给？

①主要原因之一是：需求增加（潜在供给会转变为现实供给）。

②主要原因之二是：需求增加后，潜在供给会多方面适应需求（如人力资本、物质资本等）。

③主要原因之三是：需求增加过程中，旅游业的竞争是多方面的，其中包括新景点、新交通设备、新产品、新功能的涌现。

2. 旅游业的潜在供给转变为现实供给的积极影响

在旅游业之中，潜在供给的增长往往同技术创新结合在一起，于是旅游业和旅游产品生产企业为了在竞争中获胜，都会在

技术创新方面着手，以新技术自保。

同时，技术创新同管理创新、营销创新、服务创新是不可分割的，技术创新等会因潜在供给向现实供给转变而带动旅游业的进步，并形成同行压力。

这样将形成一个个更有竞争力的旅游产业链，带动国民经济发展。

3. 旅游业的潜在供给无法转变为现实供给的不利影响

如果潜在供给转变为现实供给的速度太慢，以至于现实供给一直跟不上现实需求，那就会形成旅游业供不应求，影响旅游收入和质量。

但这种情况是会跟随形势而变化，无数年轻人会利用这种新形势，在旅游业中形成一些新的突破口，渐渐成长为一些新的旅游业的竞争者。也是形势逼出来的，未免是一件坏事。

4. 政府及有关部门在促进旅游业潜在供给转为现实供给中的作用

不管市场有什么样的新变化，政府及有关部门在促进旅游业潜在供给转为现实供给中的作用是不可轻视的。有政府的指引、政府在人才培养方面的着力，特别是基础设施的规划和投资，会导致旅游产业不断走上新台阶，以平衡旅游业需求和供给之间的关系。

5. 谨防旅游业的潜在供给过度转化为现实供给

当然，如果旅游业的潜在供给过度转化为现实供给，也会带来不利的格局，这就是旅游者没有那么多收入，没有那么长的假期，一些新投资开发出来的景点会因知名度小、交通不方便或旅游服务业跟不上而亏损。不要忘记，游客们是会做出选择的，这种选择的结果可能有三：一是改选国外旅游，包括购物；二是向往已有一定基础的老景点而暂时不去新开发出来的景点；三是愿意闯旅游新点仍会去那里，但多少会有冒险性，要提醒他们注意安全。

四、旅游业创新和旅游产业升级

1. 旅游业规范化

旅游业要把规范化作为首要任务。规范化主要指四个方面的要求：

第一，既要有法律标准，也要有道德标准，这两类标准应成为规范化的要求，缺一不可。

第二，在开展组团旅游时要有规则，例如不得强制购物，不得用色情内容来招揽旅客，也不得胡乱编写旅游景色的介绍等。

第三，无论是介绍旅游景点还是景点历史时，不得违反历史，要依靠历史。

第四，要符合社会主义核心价值观。也就是说，规范化等于净化。净化和规范化是统一的。

2. 旅游业的创新

旅游业需要创新。创新包括人文方面的和技术方面的，两者同样重要。

旅游业在人文方面的创新，包括为景点历史及其考古发掘的准确进行宣传介绍。

旅游业在技术方面的创新，包括利用各种新手段、新设施，提高对景点名胜古迹的解释，也包括景区内新设的博物馆的装备现代化。

3. 旅游业产业升级

旅游业产业升级主要有以下三方面的表现：

第一，把旅游业变成教育的基地，起到教育国民的作用，包括中华传统文化教育，中国历史和爱国主义教育，科学教育，中外关系教育，道德教育等内容。

第二，把旅游业变成绿色建设的基地，使旅游者通过旅游而懂得环境优化、美化的深远意义。美丽中华将由此深入人心。

第三，把旅游业变成社会和谐的基地，贫困地区将在脱贫致富过程中逐渐成为富裕地区。

4. 旅游业人力资本的革命

发展旅游业不仅需要财政的投入和金融的支持，而且需要调动企业的积极性和进行人力资本的革命。旅游业今后的进一步规范化、净化、教育化，必须大力提高人力资本的作用。旅行社的管理水平的提高，与旅游业有关的各种新设备的制造和使用，导游素质的升级……这一切都是人力资本的革命。

5. 旅游业的广阔前景

中国的旅游业有十分广阔的前景。关键在于潜在的需求和供给都会不断升级为现实的需求和供给，同时，随着人们收入的增加和新旅游景点的涌现，又将有新一轮的潜在需求和供给向现实需求和现实供给的转化。如此反复不已，在全世界很少有像中国这样拥有广阔而持久前景的旅游业。

经济的自我调节和均衡的实现：社会是怎样达到均衡的？

一、经济的两种自我调节机制

任何一种社会经济，如同一个人的身体一样，有一种自我调节以恢复均衡的功能。一旦这种调理和恢复的功能消失了或减弱了，人就会生病，甚至有可能不再恢复正常状态。

人体的这种自我调节的功能，可能包括亢进性的和抑制性的功能。亢进性的功能指外向的、活动的、积极作用的发挥，抑制性的功能指内向的、保守的、消极作用的发挥。一般情况下，两种功能同时起作用，使人体既不会过于亢进，也不会过于抑制。也就是说，人体不能只有亢进功能，没有抑制功能，也不能只有抑制功能，而没有亢进功能。

社会经济与人体一样，靠自行调节以保持均衡状态。社会经济中的扩转性（亢进性）功能和收敛性（抑制性）功能相互制约、相互补充，使经济运行大体上保持均衡状态，既不过度扩转（亢进），也不过度收敛（抑制）。

二、经济中的三种人群

相应地，经济中存在三种人群，他们是：保守者、亢进者、中间者。保守者不愿冒风险，唯恐失利，只求维持现状。亢进者敢于冒风险，敢闯敢拼搏。所以这两种人总是处于相互冲突的状态。有了相互冲突，实际也产生了相互制约的格局。而这时的中间者则处在观望之中。他们往往先按兵不动，根据形势判断再出手。

中间者人数通常较多。他们先处于中间状态，忙于收集信息，再做判断。一旦他们认为该是出手的时机了，就加入亢进者行列。一旦他们认为保守有道理，就倾向于保守者。

因此，在三种人群中，决定经济转为保守一方还是转为亢进一方，主要看中间者倒向哪一边，中间者在这种场合起着重要作用，甚至起了决定性作用。

中间者在尚未表态时，保守者一方和亢进者一方都对中间者做工作。保守者希望中间者转到自己一方，亢进者也希望中间者转到自己一方，中间者究竟最终支持谁，是至关重要的。

可见，经济究竟是趋向保守、收敛、抑制，还是亢进、扩转，决定性人物通常是中间者。中间派最终的偏向会影响社会经济的运行。

三、保守者在经济中的作用

在这里保守者不是一个贬义词，也不表示一种政治倾向，而只是说明社会上有这样一些人，怕冒风险，在市场上宁肯稳妥些，而不要做“得不偿失”的投资。

“小富即安”“见好就收”“知足常乐”是他们的信条。在社会上掀起投资热时，他们宁肯保守些，免得被“套住”，以致结果形成亏损。这也是人之常情，有什么可谴责的。这样，保守者的观念可能用“小业主”意识来表示，中国多年来都是以农为本、以农立国的国家。农民长期以来总以拥有一块土地或能租赁到一块土地自耕自足为满足。改革开放以来依然如此。

实际上，从宏观经济来看，如果有越来越多的人是亢进者，那会造成经济过热，结果对经济十分不利。幸亏有这么一些保守者，缓和了过热的恶果出现。社会经济中正因为有了这样一些“见好就收、知足常乐”的小业主，社会才不致过热。

问题还不止此。保守的信条也对中间者发生影响 。一旦中间者倾向于保守一边，经济过热的情况就有可能被抑制了。

四、亢进者在经济中的作用

经济中同样需要有亢进者。他们敢闯敢拼，敢于冒风险，敢于走前人未走过的新路。他们给经济带来了新的希望。更重要的是：他们有企业家精神，不停地拼搏，给社会带来活力。

不妨设想，假定经济中的亢进者，大家都“小富即安”“见好就收”市场还有什么生气可言？岂不是都是守成者，而没有创新者？

在一个社会经济中，不仅亢进者们是不可缺少的，而且保守者也是不可缺少的。亢进者和保守者并存，才是社会稳步前进的保证。而且亢进者和保守者的位置也是可变的。在不同的行业，会有不同的亢进者和保守者。

这样，随着行业的变化、地区的变化以及亢进者、保守者自身经验教训的增加，亢进者和保守者的位置也是可以变化的。

亢进者身份和位置的变化，不是一件坏事，而可能是新的契机的来临。新业绩是在结构变化中涌现的。

而且还有可能发生这样的情况：父辈亢进，子孙辈守成，或者父辈保守，子孙辈亢进。这都是正常的。

五、中间者在经济中的作用

在广大人群中，保守者和亢进者一般都不会占多数，占多数的通常是中间者。在中间者倾向某一方的人数未能确定前，即使存在着保守者和亢进者，也不可能造成究竟是保守者占上风还是亢进者占上风的现象。

但只要中间派表明了自己的倾向，他们投入了保守一方，经济就会出现偏冷的状态；一旦他们倾向亢进的一方，经济将出现偏热的状态。

于是中间者的倾向是决定性的。由此可见，保守者和亢进者双方争取中间者的重要性。这也是市场竞争或投资中的大势。政府和金融界、企业界都不可忽视这一变化。

中间方转向保守方还是亢进方，不是事先可以预料的。因此在政府看来，只能从经验中才能做出判断并制定对策，以防止经济过冷还是过热。政府只能有事后的应对，而难有事先的预防。这就是政府干预的难点，但也只能如此。

六、非均衡的出现

经济的均衡有可能被打破，这主要是因投资大增而引发的。过多的投资不仅超预料地扩大了需求，而且还打破了原先的产业结构，导致投资过旺和结构失调并发，导致经济非均衡。

在这种形势下，经济的正常运行被打乱了。经济中的抑制性机制失去了作用，只有依靠政府的紧缩政策强迫收敛，但亢进的投资人会采取各种办法来抗拒，政府的政策效力会因此而减弱。

这样就会导致宏观经济的失调。政府虽然设法使经济冷却，而投资人如果仍坚持投资有利可得，不会骤然撤回投资，这迫使政府加强经济调整，使经济继续动荡不已。

只有投资人确实感到非均衡会造成经济转入衰退时，他们才能停止投资。但真正让资本撤走并非易事。经济中产业结构的失调已客观形成，社会和亢进者本人都会遭到损失。

政府不得已只能承受亢进者过度投资的苦累，也许要经历若干时候才能消化掉过多的产业，使经济返回正轨。这种境况本来是谁都不愿看到的，但亢进者的投资行为必然带来这样的苦果，而他们自身也会尝到苦果。

七、从非均衡转向均衡：新的均衡状态的出现

但只要经济中依然存在自行调整的机制，非均衡状态不是没有可能返回均衡状态的。也就是说，经济中有各种不同的做法，使非均衡又回归到均衡的状态。这是经济依然存在活力的表现。

当经济走向亢进，出现过热以及结构失调状态时，毕竟仍有不少保守者坚持自己“知足常乐”的信条，不愿跟随亢进者去冒险投资。他们这时仍是风浪渡船上的压舱石，默默地起作用。

中间者在非均衡出现后可能因各人受损程度不一，不可能同时醒悟，但他们相对于亢进者来说，可能会转较早感到失策而撤资，以保全自己。这些恍然醒悟过来的中间者，这时会回到中间者主场，甚至转入保守一方。

这样，折腾归折腾，非均衡转向均衡的努力都是与政府的抑制政策和收敛政策相符的。于是就有便于经济从非均衡转向新的均衡的可行性。应当注意到，这是新的均衡的开始。

八、从新的均衡转向新的非均衡：经济走上新的台阶

经济能汲取非均衡的教训而转向均衡，是经济仍然有自我调理和继续前进的功能，这是通过调理而增加动力的反映。只要经济自己还能调理，那就有希望再创辉煌。

这表明，政府根据不同情况而进行宏观经济调控仍是必要的。假如政府不闻不问，而让市场去自行调节，市场也许要等待较长时间的混乱后才显示自己的调节成绩，那样，损失就过大了。

经济运行可能会存在一定的周期，从低谷到高峰，又从高峰降到低谷。但如果听任市场调节来摆平，经济的损失同样会很大。这也许就会葬送恢复均衡的最佳时机。

经济中最要紧的是调动微观经济单位的活力，引导微观经济单位各自创造新的前景。因此，政府要成为经济的助推器，让微观经济单位的行为同政策和规划相吻合。这就是经济走向新台阶的效应。

总之，从以上所述可以清楚地了解到，从均衡到非均衡并不可怕。可怕的是经济失去活力，长期陷于非均衡而不能再度崛起。

2017年

持续推进供给侧结构性改革

一、从供给和需求的互动关系谈起

在经济学中，从来都是供给和需求并重。因为没有需求就没有供给，没有供给也就没有需求，两者之间是互动关系，供给刺激需求，需求刺激供给，谁也离不开谁。需求需要更新，供给也需要更新，这样，经济才能不断地增长。但需求管理和供给管理方方面面的差异很大，一般情况下，调节需求容易，而调节供给则比较难。需求管理主要是防止需求过热、需求不足等问题，属于短期调节；供给改革则旨在培养能够自主经营的产业主体即企业，这就需要明确发展方向、协调各方利益与企业自身产权清晰等，而这些均无法在短期内完成，至少是一项中期任务。

如果不把需求和供给结合在一起，而是将二者分别考虑，简单地刺激需求或者刺激供给，不一定能做得很好，也不利于经济发展，新的经济问题会层出不穷，只是用一个问题替代另一个问题而已。也就是说，任何片面刺激需求或刺激供给的结果，都只能产生短期效应。所以，必须正视和重视结构性改革的中期性。

二、供给侧结构性改革的含义及政府的作用

从经济运行的角度看，供给和需求两侧都需要优化资源的配置，都需要调整结构。没有结构调整，新的需求和供给都不会实现。

在改革开放30多年以后，供给侧结构性改革的重要性越来越突出。一是因为经济发展中最主要的是企业（包括国有企业、混合所有制企业和民营企业）应有充分的活力和动力，这就必须成为供给侧结构性改革的重中之重。供给侧结构性改革，首先就是要培育适应市场的主体，即独立的、自主经营的企业，如果没有这样的市场主体，供给侧结构性改革就很难推进，即使推进也会有反复，也可能中途发生变化，从而使结果难以预料。二是因为要让结构合理，必须去库存、补短板、调结构，不下决心在供给侧着力，就难以使结构合理化。三是因为要降成本，以新产品和产品新功能开拓新市场，才能保证企业充满活力和动力。

这些都表明，当前供给侧改革是矛盾的主要方面，所以今天讨论结构性改革，必须认真总结长期以来注重数量和速度的发展方式的教训。之所以过去较长时间内会片面沉醉于数量型和速度型发展方式，一个重要原因是误以为只要经济高速增长，什么问

题都可以解决。这种观念必须扭转，高速增长不可能持久。

供给侧结构性改革，政府应当从两个方面发挥作用。第一，政府应当规划、引领经济发展，并调整经济结构，这都是供给侧改革所需要的。市场是牵动结构调整的主要力量，但不能离开政府对结构调整的引领作用、规划作用和调节作用。第二，在市场还未发育成熟的时候，在企业尚未成长为独立经营主体之前，政府在一段时期内可以起到代替市场主体的作用。发展中国家在发展初期，一般都会感到国内企业家不足，于是常常会出现政府代行企业家职能的现象，这在很多国家都有先例。例如，在俄国彼得大帝时期，曾由政府来充当企业主体；日本明治维新之后，企业力量不足，政府替代企业发挥市场主体功能；其他西欧国家也有类似情况。需要注意的是，政府在企业成长初期代替市场主体发挥作用，只能是暂时性的、短期的，一定要及时退出，否则会对经济发展产生不利影响，从而走向行政化。如果政府长期替代市场主体，对经济发展必然弊大于利。历史已经证明了这一点。

三、供给侧结构性改革的目标体系

供给侧结构性改革应该有一个完整的目标体系，即要明确究竟要完成什么样的目标。

最主要的目标，就是激发企业的活力和动力，让企业独立经营并成长起来。有了无数个自主经营的产业主体，市场调节必然会在资源配置中起决定性作用。

技术创新是企业开拓市场的保证，也是供给侧结构性改革目标体系中不可忽视的一个方面。要了解创新的出发点是创意，无数的创新者就是创意不断涌现的实践者，这也是结构性改革的希望。

在供给侧结构性改革中，增加就业和维持物价基本稳定都应当纳入目标体系。新就业岗位是随着创新而涌现的，物价稳定的关键则在于供求平衡。

工业化中劳动力从哪里来？在西方国家工业化开始之后，劳动力主要来自于农民，农民不满意自己在农田里的收入，就进城找工作。西欧国家跟中国的情况不同，中国在20世纪50年代变成城乡二元结构，户口制度是二元的，城市居民是城市户口，农民是农村户口。而西欧不是城乡二元结构，没有户口制度的约束，所以是举家进城。进城之后，男性劳动力从事建筑、修路、采矿等重体力劳动，女性则找不到工作，微薄的收入难以供养子女上学，这成为一个大问题，引起社会各界高度关注。后来缝纫机的发明和推广，解决了女性的就业问题，并使服装生产从手工转向机器。服装厂只招女工，很少的男工只是缝纫机的修理者。随着缝纫机逐渐增多，价格降低，工人有能力自己筹钱购买缝纫机，更多的女性实现了在家就业。伴随着收入的增加，举家进城的农民逐渐搬出了棚户区，他们的空缺又被来自北非、亚洲、东欧的农民填上。后来，由于需要就业的人口不断增加，对解决就业问题新途径的诉求出现，电的普及和推广发挥了关键作用。农民利用电办起了小作坊，最具代表性的是汽车修理行业，人们渐渐富裕起来形成蓝领中产阶级。历史经验表明，就业问题可以在发展过程中逐渐解决。现在是第三次就业浪潮，其推手就是互联网，带动了很多就业，最具典型性的就是快递员。通过互联网，快递员自备工具，自己参加某一组织或者帮助客户获取信息资料等，从而完成收货、送货等工作。从发展的眼光来看，新就业岗位的出现跟科学技术进步有关，但还有一点，就是经济发展中需要有一种新的机遇，产生新的就业机会。也就是说，新的经济发展机遇会催生新的就业机会，促发新的就业浪潮。

物价上涨一定是来自需求过旺或者供给不足，这可以通过市场来解决，稳定物价的关键在于保持供求平衡。

同时，也不用担心没有足够的市场，因为市场是可以创造的，而应主要考虑居民的收入能随着经济增长而相应上升，所以在供给侧结构性改革的目标体系中，不仅应注重GDP的增长，更应当着力于增加居民收入。

其实，目前感到最困难的不是通常所说的物价上涨，也不是就业问题，而是电信诈骗、购物诈骗以及各种各样的诈骗。随着技术的发展，有人盈利，有人受骗甚至因此倾家荡产。诈骗增多，但法治进程缓慢，法律法规不健全，打击不力，这是一个值得研究的问题，政府必须着力解决好。

四、供给侧结构性改革是一个渐进的过程

从供给侧结构性改革的目标体系可以了解到，无论是激发企业的活力和动力、技术创新、增加就业、维持物价基本稳定，还是促进GDP和居民可支配收入增长，都不是短期内能做到的，它跟结构调整有关，所以供给侧结构性改革势必是一个渐进的过程，不能贪快，不能急于求成。

与此密切相关的是，供给侧改革必然也是一个人力资本大幅度升级的过程。一旦供给侧改革推进后，体制内体制外是否有足够多的人才，人才的培育和成长同样是一个渐进的过程，欲速则不达。无论是体制内还是体制外，都需要技工、技师、管理人员、营销人员、职业经理人、专业技术人员、资本市场的熟练人员，还有各种师资、公共卫生、公共机构服务人员，等等，对任何一个发展中国家来说，人才供给不足问题只能逐渐缓解。尤其要重视新型企业家供给不足的问题，社会上的企业家往往要经过历练才能成为新型企业家，市场则是最好的学校，它自会淘汰一批，培育一批，但这也是个渐进的过程。

在供给侧结构性改革中，很多重要的观念需要转变。比如改革的首要目标是培育、发展自主经营、独立经营的企业，但这并不容易。如今许多“老字号”企业之所以疲软甚至消失，就是因为故步自封，“酒好不怕巷子深”的时代早已过去，现在已经大为不同，酒再好，但巷子深、购买难，消费者就不会去，因为相同的可替代的产品太多。同仁堂、全聚德之所以依旧兴盛，是因

为它们进行了改革，变成了股份制，跟上了时代的步伐。

再比如创新，天天都在谈，但创新的观念是否真正转变，如果从事着创新的工作，但观念却还是旧的，那就难以实现真正的创新。

100年前，熊彼特提出“创新”一词，并对创新做了很多开创性的研究，取得了很多成绩，假如早一些设立诺贝尔经济学奖，他应该是首批诺贝尔经济学奖的获得者。当时正值工业化初期，他认为生产要素的重新组合就是创新，而在今天，信息重组才会促发创新。熊彼特有一个定义：“企业家是创新者。”在工业化初期这是完全正确的，因为发明家的发明产生于实验室，是企业家把发明家的许多成果运用于经济实践。但现在的创新不一定是发明，也可以是创意。有了创意才有创新，有了创新才有创业，创意最重要。那么创意源自哪里？可能是实验室、咖啡馆、会所、俱乐部或者用餐的过程中，更多的是年轻人的各种感觉。正是靠各种感觉，创造出了新的市场。

我在平时讲课中屡次用到的在寺庙卖梳子的案例就是很好的证明。四个推销员因为营销理念不同、创意不同，木梳的销售情况就出现了天壤之别。第一个推销员不懂创意，和尚说“我光头要梳子干吗？！”结果一把都没有销售出去。第二个推销员挖掘出了梳子的第二功能——帮助养生，对和尚说，梳子除了梳头这第一功能，还有第二个功能，就是可以帮助养生，经常用木梳刮刮头皮，能够止痒、活血、明目、清脑、美容、养颜，得到和尚认可，卖出了几十把。第三个推销员通过仔细观察，发现庙里的香火很旺，香客也很虔诚，但在磕头时头发会乱，有时香灰也会掉到头上，于是对方丈说，庙里的香客多虔诚啊，你要多关心他们，在每个佛堂前面放几把木梳，香客磕头起来后就可以梳梳头发，感受到庙里的关心，就更加想来，因而销售了几百把。第四个推销员直接找到方丈说，庙里经常有人捐钱，应该有礼品回馈给他们，木梳就是最好的礼品，把庙里最好的对联写在木梳上，加上方丈漂亮的书法，就会被作为纪念品保留下来，以后捐钱就会更多，也会有更多的人来捐钱，庙里出去办事也就更方便。结果不仅把好几千把木梳全部销售完，还带回来好多订单。第一个推销员只知道木梳最基本的功能，第二个推销员挖掘出了梳子的第二功能，第三个推销员把木梳变成寺庙关心香客的工具，第四个推销员则将梳子创意为寺庙的一张名片、一种纪念品、一个品牌。这说明新产品不仅仅指产品是新的，也包括旧产品有新功能，有新功能就是新产品，手机不断更新也是很好的例证。十多年前的手机也许就一个通话的功能，而今天手机的功能真是太多太多了。

由此可见，市场是可以创造的，供给侧结构性改革，一定要认识到这一点，尤其是在今天，有创意就可以创造市场，有好的创意、好的项目，资金就自然会到位。今天已不是熊彼特时代，今天的年轻人跟100年前的年轻人也完全不同，他们是真正的现代的年轻人，知道社会在关心什么问题，在聊天中就有了创意，有了创意就有了资金。

中国整个经济社会发展的速度在不断加快，很难预料50年后中国经济会是什么样子。那时人们的消费方式、就业方式都会发生想象不到的变化，人人都用卡，也许钞票就失去了作用；就业只需一台电脑，在家就可以办公。企业家也将成为过时的名词，真正的企业家在工业化开始初期的熊彼特时代，现在的企业家不一定是创新者，而是既得利益者，要保护自己的既得利益。大量正在涌现出来的年轻人，虽然他们现在不是企业家，但将来可能成为比企业家更具影响力的人，成为一个新领域的发现者、领路人。结构性改革一定要依赖大量年轻人，因为他们在不断探索新路子，寻找产品的新功能。

五、需求的作用应如何理解

供给侧改革要取得进展，必须重新认识需求的作用。如前所述，供给和需求属于互动关系，两者可以通过不同的介质达到相同的作用效果。需求管理是短期性调节措施，供给调节是中期战略，但是需求不是被动的因素，它可以是经常性的，也可以是突发性的，即一旦需求突破了维持生活的界限后，人们会把提高生活质量作为消费目标，因此在结构性调整中必须关注消费的变化，否则难以准确把握结构性调整的方向。

炫耀性消费是美国制度经济学家凡勃伦1899年在其成名作《有闲阶级论》一书中提出来的概念，它是历史上存在已久的一种消费习惯，虽然在不同的时期赋予了不同的内容，但归根结底都是“为别人而购物”，即打扮自己、摆阔气都成为消费行为，主要为了给他人看。

消费往往是一种风气，在一定的朋友圈、关系圈、熟人圈内会相互影响。同时到一个地方旅游，同时购买一种商品，同时观赏一部电影或戏剧……这正是消费示范效应在生活中的体现，“双十一”的购买潮也是消费风气的一种反映。消费风气对居民消费的影响不可低估。

实际上，居民消费的多样化并不一定是坏事，民间对消费形式、消费品种的鉴别能力实际上是经验的累积，连预测者都说不准，但这无妨。新的消费风气往往因有特色而迅速扩散和形成。

以前，消费遵守古典经济学原则即最优原则。最优理论建立在理性人的基础上，即人人都是理性的，都在追求最低的成本、最大的满足、最大的收益。但是自20世纪50年代诺贝尔经济学奖获得者西蒙提出有限理性后，人们发现最优是做不到的。例如，消费者要买披肩，如果要达到最优状态，需要在所有商场比较商品并进行记录，以便选择，但此时成本已经很高，而且等到再去购买时可能已经没货了，所以这并不是最优选择。其实，现实中的消费者已习惯了次优选择，没有一个消费者说自己买到的是最满意的商品，只是“凑合”“还行”，是次优。尽管消费方式在不断发生变化，但都不是最优选择。“双十一”的销量很大，但不敢保证明年一定比今年大，因为会不断出现新形式。消费值得重视，但较之传统消费，现在理性人的消费已经不存在，最优选择的消费自然也就不存在了，次优选择下的消费才是现实生活中人们真实的消费状态。

六、宏观经济调控的作用应如何理解

在供给侧结构性改革过程中，可以从以下两个层面来认识宏观经济调控的作用：

第一个层面，是及时利用财政手段和货币手段，使货币流通量与经济增长率相匹配，既要避免货币流通量过大，也要避免货币流通量不足，以稳定物价水平，这是早期宏观调控的目的。但是，也不能死守货币流通量与经济增长率匹配的观点，因为通货紧缩的害处比通货膨胀还要大，而要根据实际情况变化进行调整，不能“捆死”经济。

第二个层面，是在新常态下，针对结构性调整的需要，宏观调控方式必须有所改变。一是重在预调，发现苗头就要调控；二是重在微调，不要产生大幅度波动；三是进行结构性调控，有重点地因地调控，不能再像过去那样大水漫灌，而一定要“滴灌”。

为了避免产生过大的调控效应，应多进行微调和预调，以尽量减少宏观调控对经济的影响，并且不至于打乱简政放权的部署。在供给侧结构性改革过程中，微调和预调所起的稳定社会的作用是任何剧烈的宏观调控都无法做到的。结构性调控的优点也是同样不可忽视的，有时更需要“滴灌”，如精准扶贫等。

我之前是贵州毕节地区扶贫的专家组组长，后来是总顾问，毕节能够走到今天，跟宏观调控思想有密切关系。最主要的是统筹规划，为了让山上的人搬下来，就先盖好几套房，让他们住下来，看看是不是比山上好，这样一步一步推进，慢慢有了成效。所以一定要精准扶贫，让扶贫款发挥更大的作用。

再如，陕西省西南部的洋县通过建立自然生态保护区，使濒临灭绝的朱鹮数量快速增加，目前已有200多只。朱鹮有个习性，终身只有一个配偶，如果配偶死了，就终生不会再有第二个配偶。当地政府充分把握这一点发展旅游产业，不仅吸引了附近居民到这里来办婚礼，而且外省、远方的人也来这里办婚礼，要学朱鹮忠贞不渝。慢慢地，越来越多的人来办婚礼，过金婚、银婚，度假、休闲，周六周日和节假日的游客也络绎不绝，旅游产业迅速发展起来。

“滴灌”的作用主要不在于事先的宣传，而在于事后的评价及其示范效应的产生，否则就会削弱其意义。只有当宏观经济调控（包括结构性调控在内）产生巨大的示范效应时，才能被认为真正产生了应有的效果，否则就只是“点”的成绩而非“面”的成绩。

七、如何有效地转变经济发展方式

传统经济发展方式是粗放型的、数量扩张型的，主要追求GDP的增长，拼资源、拼能源、拼劳动力，却忽略了环境保护，导致生态恶化，而要重新治理环境，改造环境，就不得不投入更多的资源和人力。新的经济发展方式则把质量和效率放在首位，这就要认识到创新和创业在未来经济发展中的意义和作用。要转变经济发展方式，就必须实现产业升级和结构调整，而创新和创业则是促进产业升级和结构调整的必由之路。

落后的发展方式必将被淘汰，但仅仅靠淘汰落后的设备是远远不够的，新的产业结构需要有新的人才与之相匹配，所以新的人才十分重要。新的人才正是在创新、创业中涌现出来的，他们会成为新的领路人。

（一）中国正在经历一场人力资本革命

目前，中国正在发生一场人力资本革命，其中一个表现就是数以百万计的农民工返乡创业，并因此出现了一个新名词——“城归”。过去只有“海归”，即国外留学生学成以后回国报效祖国。“城归”是农村进城打工的农民经过10年、20年，积累了经验，认识了朋友，有了积蓄，更重要的是有了技术，如今家乡需要人，就从城市返回了老家。

贵州毕节就有很多这样的“城归”。过去毕节人吃米饭，没有人吃蛋糕，也没有人吃面包。“城归”回来后开了面包房，改变了毕节人的观念和食品结构。毕节的百里杜鹃景区，绵延100里全是杜鹃花，风景优美，游客很多，饭店、停车场、洗车行等都是“城归”在经营管理。“城归”返乡自己创业，工作家庭两不误，还带动了当地就业和产业发展，一举多得。据我们最近的调查，“城归”大约占到农民工4000万人的四分之一。

陕南的西乡县也有很多这样的“城归”。为保障北京、天津的用水安全，汉江边上新建了丹江口水库，为确保水质，沿汉江两岸的农业生产不能使用化肥和农药。面对这一约束，位于上游的西乡县开始全面种植富硒茶，因为那里是全国富硒茶最好的生产地，当地外出务工的农民纷纷回乡种茶树，茶树不需要施肥打药，种茶、收茶、摘茶、加工一条龙，不仅解决了当地劳动力就业问题，增加了收入，还能为其他地区的劳动力提供就业机会。

人力资本的革命，实际上是在为中国下一步创新做准备。

（二）新的融资方式不仅支持了创新者和创业者，而且鼓励着更多的人创新、创业

发展方式的转变同新型企业、新兴产业是分不开的，从来都没有夕阳企业，只有夕阳技术，企业如果不断更新技术一直走在前列，那就不会处于夕阳阶段。企业技术更新和产业升级都需要融资。缺少资本，再聪明能干的创新者和创业者都无能为力。融资方式的更新往往会带动新一轮的技术创新。

资本是靠创新者和创业者去筹集和运用的，不怕融不到资，就怕融到了资却不知道怎么运用。有作为、有眼光的创新者和创业者同其他人的区别就在于他们能用好资本。会融资又会运用所融到的资本，是创新者和创业者成功的秘诀，他们会带动更多的人走上创新创业之路。

创新和创业都有风险，融资也有风险。规避风险，或者在风

险来临时不惊慌失措，充分调动每一个人的积极性，这就是创新者和创业者的过人之处。

（三）最重要的是保持旺盛的创新和创业精神

对于每一个创新者和创业者来说，最重要的是保持旺盛的创新和创业精神。只要保持创新和创业精神，就不怕目前资本不足，企业规模不大，坚持下去前途就不可限量。榜样的力量是无穷的，过去这么多年，有多少创新者和创业者遭遇过挫折，但只要有这种精神，就一定事业有成。这反映出创新者和创业者独特的性格：坚韧、坚持、乐观。

创新和创业精神还体现于随时总结经验教训。这条路行不通或走得不顺，就尝试另外一条路。路总是人闯出来的，路也是人选择的，哪一个创新者和创业者不是经过了一次又一次的选择!

创新者和创业者始终要坚守两条底线：一是法律底线；二是道德底线。任何时候都不要触碰这两条底线，勿以恶小而为之。光明磊落，路就会越走越宽。信用是最大的社会资本。一旦失信于人，再多的社会资本也会丧失，在这方面一定不能存在侥幸心理，否则后悔都来不及。

任何一个创新者和创业者都要牢记自己的社会使命和社会责任，社会使命就是早日实现中国梦，社会责任就是帮助困难的城乡居民过上幸福的生活。

20世纪留下的最精彩的经济学术语是什么？创新!任何时候

都不能忘记创新精神。只有不断创新，才能因地制宜地进行精准扶贫式的改革。因此，应该加大对创新的保护力度，使供给侧结构性改革在创新中取得进展。

（原载《中国流通经济》2017年01期）

转变发展方式迫在眉睫

第二次世界大战结束后，在亚洲、非洲出现了一批新独立的国家，它们原来都是西方列强的殖民地或半殖民地，经济落后，人均国内生产总值和人均收入都很低。这些国家摆脱西方列强控制后，都有加速发展本国经济的愿望，都想早日摆脱贫穷落后的状态。于是，它们致力于引进外资、开放港口，希望靠提供廉价资源来改变现状。这些国家在一段时间内实现了经济高速增长，但后来大都落入“低收入陷阱”或“中等收入陷阱”。这证实了一点，即只顾高速增长而不顾本国实际，是无法真正富强起来的。虽然靠资源的发掘和出口能增加国内生产总值，但依赖西方跨国公司的状况却无法改变。不顾国情，不在经济社会体制方面进行深刻改革，不加快转变发展方式，发展中国家就难以走出“低收入陷阱”“中等收入陷阱”。

中国应从这些发展中国家遭受的挫折中吸取教训，清醒地认识到，勉力维持超高速增长是有害无益的。因为这种数量型的发展方式弊端明显：一是资源过度消耗，二是生态严重破坏，三是部分行业产能过剩，四是普遍的低效率，五是错过了结构调整和科技创新的大好时机。可以断定，数量型的发展方式包括一段时间的高速甚至超高速增长都无法成为常态，其后遗症会持久地存在。

经济发展进入新常态，向形态更高级、分工更复杂、结构更合理阶段演化，这是我国经济社会发展在现阶段呈现的新特点。新常态下，我们必须加快从数量型发展方式转变为质量效率型发展方式。这实质上是一场体制改革、一场重新认识国情的观念革命。为什么这是一场体制改革？因为它首先涉及资源配置方式的转换。不能再像过去那样采用行政部门主导资源配置的做法，而必须转换到由市场在资源配置中起决定性作用的路径上来，政府则发挥引领、规划和监督作用。当前要特别注重通过体制改革打破对旧发展方式的路径依赖。为什么这是一场观念革命？因为它涉及对国情的深刻理解。应认识到，中国的工业化是在底子薄、农村人口众多、人们收入不丰而且收入差距较大的状态下进行的，扶贫工作仍需深入推进，再加上以往多年对生态保护不够重视，环境污染仍需加大治理强度。再不转向质量效率型发展方式，必将增大经济社会协调发展的难度。

从这个意义上说，适应现阶段的中国国情，最重要的就是尽最大努力把过去习以为常的数量型发展方式转变为质量效率型发展方式，从而把增长速度降下来。在相当长的一段时间内，能保持中高速增长就可以了。

深入理解中国国情，还应认识到结构性改革尤其是供给侧结构性改革的重要性。不久前闭幕的中央经济工作会议明确提出，坚持以推进供给侧结构性改革为主线。推进供给侧结构性改革，既要优化产业结构，又要去产能、去库存、去杠杆、降成本、补短板。通过采取这些措施，大力增加有效供给，使供给与需求相适应；着力调动广大企业的积极性、主动性和创造性。广大企业在产权清晰并且产权一律受到法律保护的前提下，就能从实践中懂得技术创新和产业升级的压力不是一件坏事，而是获得竞争优势的新动力。当广大企业了解到这就是国情、就是经济发展新常态时，发展方式的彻底转变就有了切实的希望和目标。

（原载《人民日报》2017年1月4日）

全面深化改革对话

供给侧结构性改革关系到经济长远的发展，其关键是转变发展方式。

要重视发展绿色经济，从体制上改变过去的管理方式，实施责任制。

在处理经济体制改革与其他领域改革的关系时，要重点把握三方面的问题。

经济减缓没关系，关键是生产出具有创新性、个性化的产品。

新常态就是按经济规律办事，不做违背经济规律的事情。

政府与市场的关系，正确的廉洁应该是“有效的政府、有效的市场”。

不仅要讲生产效率，还要重视资源配置效率。

中央和地方应重新确定分税比例。

改革红利不可能是自然产生的，不改变传统的体制就不会有适合工业化、后工业化、信息化的新体制。

社会和谐红利是无形的，是累积而形成的，是无声无息地扩散的。只有通过改革，才能形成社会和谐红利。

从改革的经验来看，转型要从最薄弱的环节突破，最要紧的是调动群众的积极性，把产权改革放在重要位置，注重解决就业和民生问题。

结构调整必须同结构性改革紧密地结合在一起，结构调整的主要任务是资源配置的合理化、高效化。

现阶段，国有企业混合所有制改革面临动力不足的问题。

国有资产管理部门和国有企业管理应分两个层次进行改革。

增强国有企业改革动力，应完善人才激励机制，逐步实行职业经理人制度。

为解决职业经理人供不应求的问题，可对愿意担任混合所有制企业经理人的国企中高层管理人员进行短期培训。

深化国有企业改革应推行职工持股制度。

提升民营企业参与混合所有制改革的积极性，首要的是解决其准入难的问题。

“亲”和“清”是处理好政府与民营企业关系的两个关键字。

运用好PPP模式，最重要的一点是诚信。

我国的改革还处于试验阶段，试验的结果还有待观察。

要鼓励地方大胆探索，改革创新，允许试错，宽容失败。

大众创业、万众创新正在成为拉动欠发达地区经济社会发展的重要引擎。

一、经济体制改革的态势与取向

王佳宁：中共十八届三中全会以来，中央全面深化改革领导小组已召开31次会议，其中，经济体制改革是重中之重。经济体制改革是全面深化改革的重点，具有牵一发而动全身的作用。在设计和推进全面深化改革时，应坚持以经济体制改革为主轴，突出经济体制改革这个重点，以此牵引和带动其他领域的改革，使各方面改革协同推进、形成合力。请厉老就经济体制改革的状况及基本取向谈谈您的看法。

厉以宁：好的。中共十八大以来，经济体制改革一直在向前推进，十八届三中、四中、五中、六中全会与经济体制改革关联密切，这里主要谈三个问题。

一是供给侧结构性改革。在当前来说，供给侧结构性改革关系到经济长远的发展，其关键是转变发展方式，从过去单纯追求数量型、速度型转变为效益型、质量型，以推动经济长远发展。高速增长会带来一系列不利影响：资源过度消耗、生态恶化、部分产业产能过剩，等等。提高经济增长的质量，不仅要调节需求，更需要从供给侧着手解决经济结构失衡的问题。中国的第三产业产值在国内生产总值中的比重已经超过50%，这意味着中国经济正在从工业化阶段逐步转向后工业化社会、信息化社会，应该把新兴高科技产业和现代服务业列为下一阶段的发展重点。这样，既可继续完成工业化，又可以加速推广信息化。这一发展方式的转换是必不可少的，否则我们难以成为真正意义上的制造强国、创新强国、信息化强国。

二是农村改革。在供给侧结构性方面，实际是农业的供给，如土地流转，让农民可以转租、出租，以此提高农民的收入。然而，目前农业人口较多，农民收入增长较慢，因而农业应走规模生产、现代农业的发展道路。

三是绿色经济。绿色经济不是单纯地发展经济，它涉及改革的问题。各地要重视绿色经济发展，要从体制上改变过去的管理方式，实施责任制，使地方为绿色经济发展真正担起责任。另外，要使新型城镇化与绿色经济紧密结合。

王佳宁：以经济体制改革为重点牵引其他方面体制改革是经过实践检验的成功做法。现阶段，有必要进一步加大经济体制改革的力度，努力在重点领域和关键环节改革上取得新的突破，为其他领域改革提供强大动力，创造更好条件。在处理经济体制改革与其他领域改革的关系时，要注意哪些方面的问题？

厉以宁：我认为，要重点把握三个方面的问题：

第一，深化干部体制改革，使干部有所担当。对失责和工作不力的干部，要予以追责。现在我国正在推行三个清单方面的改革：一是权力清单，即政府的任何执法必须有法律授权的根据，否则就是不合法的，这样能够制止乱作为。二是责任清单，就是说政府及其下属部门必须按规定的程序办事，该批的要批，规定多久批完就不能够推迟，否则就是不作为。三是负面清单，法律禁止的不能干，法律有限制的要报批，既非法律禁止又非法律限制的就可以干。

第二，推进科技体制改革，注重科学技术水平的提升。绿色经济的发展要求科学技术在环保、绿色基础上向前推动，若突破绿色技术这一关并严格地推行绿色发展，环境污染就会有所缓解。

第三，加大人才培养力度。人才培养也是供给侧结构性改革的内容，即人才供给。我国正在推进城乡户口一元化，旧的人口红利在逐步消失，但新的人口红利正在产生。我国人力资本革命正在悄然进行，为下一步创新做准备。

我希望，在中共十九大召开之后，我国经济领域会有一些新的举措。实际上，我国经济下滑并不是很严重，因为经济增速还维持在6%~7%，这在全世界也是少见的。经济减缓没关系，关键是生产出具有创新性、个性化的产品。

王佳宁：现在有一种舆论说，经济增速到了6%，对全面建成小康社会的有关指标可能会产生影响。对此，您怎么看？

厉以宁：近年来中国经济出现了下滑，人们都说经济发展进入了新常态，新常态究竟是什么意思？我理解，新常态就是按经济规律办事，不做违背经济规律的事情。包括中国在内有不少国家都经历过经济的高速增长，但都是短期的，因为一个经济体发展到一定程度以后，发展方式就需要转变。这是因为，只顾经济增长的速度，只顾国内生产总值的提高，只重数量而忘掉质量，只能带来低效率、低质量、高产能过剩和高消耗。在新常态之下，中高速增长才是正道，结构调整才能带来新的前景。就中国目前而言，应该把改革放在重要的位置，不能盲目追求速度。

需要强调的是，供给侧结构性改革不是短期内能够完成的，它是慢慢见效的，不能急于求成。真正有效的GDP能够改善人民生活条件，能够实现全面建成小康社会。若GDP提高了，人民生活没有改善，城里人住房条件没有改善，各种社会保障的要求没有实现，那么这个GDP就是虚高的，是无效的，经济增长应和改善人民生活条件结合起来。总而言之，靠供给侧发力，进行结构性改革，才能使中国实现中高速增长，而中高速增长又与经济结构、产业结构、技术结构、人力资源结构和居民消费结构的调整密不可分。

王佳宁：处理好政府与市场的关系是经济体制改革最为核心的问题。市场在资源配置中应发挥决定性作用，同时也要发挥政府的作用。二者的关系处理不好，将会直接影响经济体制改革的深入推进。

厉以宁：是这样的。过去人们常说“小政府，大市场”，并且以为这是处理政府和市场关系比较好的方式，这其实是不准确的，正确的说法应该是“有效的政府、有效的市场”。政府不在于大小，因为它不是一个人员多少的问题，也不是管辖范围多大的问题，主要是政府做政府应该做的事，效率要高。市场也不是万能的，市场还有很多地方是管不到的。有效的政府加上有效的市场，这就是我国政府与市场的关系。两者都要讲效率，都要有效，政府做政府该做的事情，市场做市场可以做的事情，这样就行了。

过去谈效率，只谈到生产效率，而现在更应该重视资源配置效率。生产效率是根据投入产出之比，投入为既定，产出越多越好，这样效率就高；产出为既定的话，投入越少越好。资源配置效率是假定投入不变，用不同的方式来配置资源，然后进行对比，看谁配置效率最高。资产不断地重组、调整，是为了资源配置效率的提高。具体到政府和市场关系时，资源有限的要归政府管，个人收入分配无论是二次分配还是一次分配都要归政府管，一般资源配置和涉及消费者自主消费的则归于市场。

王佳宁：中央与地方关系问题是经济体制改革的另一个重要问题。只有设计有效的体制机制，发挥中央和地方两个积极性，才能不断深化经济体制改革，而其中的关键又是深化税收制度改革，建立事权和支出责任相适应的制度。

厉以宁：你讲得在理。凡是地方政府管理有效的，中央政府应放手。具体到财税体制改革，中央和地方应该重新确定分税比例。在传统体制中，地方在财政上难以保障。对于国家有国税，可以征收，但对地方来说，财政状况不容乐观。怎样建设一种对中央及地方都合适的财政体制，仍在进一步探索，该由中央管的中央管，该由地方管的地方管，地方不应完全是一种依赖性的。地方财政受地方人大监督，中央财政受全国人大监督，这种关系明确了地方的责任，但不能让地方成为无米之炊，尤其是贫困地区，中央应该给予一定的财政支持。

王佳宁：学术界在分析改革的背景和形势时，经常会提到支持我国经济长期高速增长的传统人口红利和资源红利在消失，一些人基于此得出了不太乐观的趋向判断。事实上，在原有的红利消失以后，新的红利在新的体制和机制下开始涌现。譬如我国的改革红利在逐步释放其多维效应。

厉以宁：我同意你的看法。原有的各种红利是适应于经济发展前期的。因此随着经济继续发展，经济发展方式必然要变化，这样一来，原有红利的消失是完全可以理解的。原有的红利如果在经济发展方式成功转型的条件下，也会随之转型，那就不会发生“红利消失”的情况了。但要注意到，这种变化要有市场的催促和压力。换言之，如果不事先做好准备，“红利消失”就会引起社会的不安或动荡。

改革红利又称为制度红利、体制红利，它是通过改革而出现的。一个重要的经验是，世界上所有的工业国家无一例外都经过了改革的阶段，只有经历了改革才能获得改革红利。换句话说，改革红利不可能是自然产生的，不改变传统的体制就不会有适合工业化、后工业化、信息化的新体制。全世界没有一个国家例外，中国同样如此。资本不足，人才不足，市场不足，管理不到位，改革的红利就无法涌现。改革红利中最重要的是如何调动每一个投资者的主动性和积极性。因此，产权保护便成为关键。没有产权保护就谈不到发展。公有产权要保护。非公有产权同样要保护。无论是公有还是非公有，无论是物权、债权、股权、知识产权，还是其他无形的权利都应当一视同仁，受到法律保护。法律是公正的，这样社会上每一个企业、每一个家庭、每一个人都会安下心来，社会的活力和动力就充沛了。

王佳宁：您在多个场合提到了和谐红利的概念。该如何认识和谐红利，它又是如何形成的呢？

厉以宁：我们谈了很多红利，但不要忘记一个无形的、正在逐渐形成的、无声地扩散的红利：社会和谐红利。这个红利是无形的，不像其他红利那样需要通过某个主体表现出来；这个红利是累积而形成的，要靠持久的工作才能逐渐形成；这个红利是无声无息地扩散的，默默地影响人们，渗透到人们的心中。社会和谐红利在中国正在形成，它是怎样形成的呢？是靠我们的改革。我们通过改革，使法律公正了，在法律面前人人平等，这就增加了社会和谐；我们通过改革，使收入分配越来越协调了，不断走向社会和谐；我们通过改革，使社会保障惠及每一个家庭，促进了社会和谐；我们通过改革，提高文化建设水平，从而使社会风气更加良好，巩固了社会和谐。社会和谐红利是一种全新的红利。我们应当坚信，尽管社会和谐红利的形成是一个渐进的过程，但只要有道路自信、理论自信、制度自信、文化自信，我们一定可以实现中国特色的社会和谐，社会和谐红利将使人民的生活更加美好。

王佳宁：现阶段，一批具有标志性、关键性的重大改革方案出台实施，一批重要领域和关键环节改革举措取得重大突破，全面深化改革的主体框架已基本确立。请您对下一步经济体制改革的趋势做判断和展望。

厉以宁：总体来看，我国经济走出了体制转型和发展转型叠加的双重转型之路，也就是从计划经济体制转向社会主义市场经济体制，同时从传统农业社会转向工业社会、现代化社会。这两种转型的叠加在世界上没有先例。我国经济的双重转型构成了独特的改革开放之路。从改革的经验来看，转型要从最薄弱的环节突破，最要紧的是调动群众的积极性，把产权改革放在重要位置，注重解决就业和民生问题。

下一步，要积极推进供给侧结构性改革，大力发展第三产业。一是要让产品更有现实意义，要能够适应时代的需要，比如，服装企业应提供更为个性化的产品。二是要让服务更加人性化。我国的服务业已经占到了GDP的一半以上，但提供的服务往往不够人性化，导致无法更好地刺激消费。第三点最关键，就是要创造品牌，把品牌打到国外去。中国有那么多的制造业品牌，但绝大多数没有在国际上站住脚。第四点是要把消费者留在国内。现在中国人热衷于到国外买产品，说明我们的品牌不行，要打造好我们自己的品牌，把消费者留在国内，这样的话，增加的税收就是中国的税收，增加的就业就是中国的就业。我国工业化还没有实现，与建成制造业强国这个工业化目标还有距离，必须向这个目标继续努力。要看到中国的农业大有发展前途。现在农村正在进行的土地确权深得民心。土地确权使农民的承包地经营权有经营权证，宅基地的使用权有使用权证，宅基地上盖的房子有房产证，农民就可以抵押贷款，可以去开店、做生意，这样农村就活了。土地确权以后。农民自愿入股搞合作化经营；农业实现规模经营，就能搞好。一些地方的实践还表明，在土地确权以后，城市人均收入和农村人均收入的差距大大缩小了。

二、国有企业改革的动力与模式

王佳宁：您刚才提到了经济体制改革的重点之一——国有企业改革。关于国有企业混合所有制改革，国务院专门出台了《关于国有企业发展混合所有制经济的意见》，对改革的出发点和落脚点，分类、分层推进改革的举措等均做了规定。但我们注意到，无论是中央国企，还是地方国企，其改革的动力都存在不足的问题，其背后有着深层次的诱因。

厉以宁：我同意你说的。目前，国有企业混合所有制改革两方面的动力都不足，一个是国企本身动力不足，另一个是民间资本动力也不足。对中国来讲，重要的就是调动企业的积极性，调动企业家的积极性。

王佳宁：分类、分层改革是国有企业混合所有制改革的基本思路。

厉以宁：确实如此。国有资产管理部门和国有企业管理应分两个层次进行改革。一个层次是国有资产管理部门只管国有资本的增值保值和国有资本的配置和再配置及其效率的变化。另一个层次是国有企业按行业不同而区别对待。竞争性行业积极探讨和实行混合所有制，国有资本所占股权比例不设底线，根据具体情况而定。国有企业改为混合所有制企业之后，一律按公司法自主经营，建立完善的法人治理结构，开展业务。至于特殊行业的国有企业，应当由国家控股。国家控股究竟是绝对控股还是相对控股，可以依据行业和企业的具体情况而定。

王佳宁：增强国有企业推进改革的动力，要从完善人才激励制度、逐步实行职业经理人制度等方面入手。

厉以宁：就完善人才激励制度而言，要让高级管理人员、在技术发明或市场营销方面做出杰出贡献的人才得到激励。激励的多少由混合所有制企业根据本行业和本企业的状况而定。主要有两点需要注意：一是必须是奖励给为本企业做出贡献的人；二是必须公开化，防止个别领导说了算，或为了平衡企业内部矛盾而违背当初实行股权激励制度的初衷。

与此同时，还要逐步实行职业经理人制度。在混合所有制改革取得进展后，职业经理人制度就提到议事日程上来。职业经理人是企业聘任的，实行任期制和责任制，由董事会任命，负责企业的经营管理。企业的董事会对企业的重大决策做出决议，由职业经理人负责执行。这一结构适应于市场经济体制下的企业运营，也适应于市场环境。

王佳宁：我国至今仍然缺少职业经理人的供给以及供方和需方的交流机会。

厉以宁：对啊，为解决职业经理人供不应求的问题，可以对现有国企的中高层管理人员中愿意担任混合所有制企业经理人的进行短期培训，然后按其意愿，加入职业经理人供给行列，应聘于混合所有制企业，同时脱离原来的就业岗位。如果以前有行政级别的话，那么从此取消原有的行政级别。

王佳宁：国有企业职工持股制度作为共享经济的一种形式受到了各界的推崇。共享经济的概念是从经济学中自然引申出来的。在经济学家中有一个共识：物质财富包括利润，是物质投资者和人力投资者共同创造的。

厉以宁：既然是两者共同创造的，为什么利润的分配只归物质资本投入者所有，而人力资本投入者的收入来自成本——成本中的工资部分，这就明显不合理。于是就有职工分享利润，用股权奖励的办法来分享。所以，供给方面的发力要跟上，国有企业的改革要跟上，国有企业才能真正成为独立的市场经济主体。

为此，要根据企业状况，推行职工持股制度。在采取这一措施时，需要注意以下两个问题：一是要汲取20世纪90年代某些国有企业试行职工持股，后来逐渐解体、消失的教训，一定要规定严格的职工持股程序，而不能采取“人人持股”“免费赠股”“企业内部自由转让”“本企业职工可以任意将股票出售给非本企业职工”等不规范的做法。二是对于什么样的企业职工可以购买本企业的股份，要有严格的限制，不能把职工持股视为企业的一种“福利”，更不能形成在企业大门外摆地摊出售职工所持股票等做法。持股的职工应当有一定的本企业工作经历，职工所持股份如何转让也应当有规则。

王佳宁：就民营企业参与混合所有制改革而言，首要的是解决其准入难问题，处理好民营企业与政府之间的关系。

厉以宁：多年来，我国政府一直都很注意保护民营企业的产权包括知识产权，并且始终强调在中国的经济发展进程中国民经济有两个基础：一个基础是公有制企业，另一个基础是民营企业。中央一再强调民营企业的重要性，但社会上对此并没有给予充分的注意，为什么呢？这就涉及了第二个问题，即民营企业在发展过程中都遇到了哪些困难，怎么帮助它们解决这些困难。

我认为，当前大家应该关注的是民营企业的准入难问题。虽然在政策上，我国经济当中的很多领域都是允许民营企业进入的，但往往就是进不去，当民营企业试图进入的时候，常常会出现玻璃门、弹簧门、旋转门，进去了容易碰钉子。这些问题怎么解决？这就涉及如何解决所谓的“最后一公里”的问题。比如民营企业贷款难问题，需要政府相关部门来解决。再比如前面所讲的玻璃门、弹簧门、旋转门之类的问题，也是因为“最后一公里”的问题没有很好地解决。

王佳宁：习近平总书记在2016年全国“两会”期间看望参加政协会议的民建、工商联委员时提出“亲”和“清”两个字，这两个字点出了处理政府与民营企业关系的诀窍。我们还注意到，发达地区和欠发达地区对企业家和民营企业的态度也是有差异的。

厉以宁：“亲”和“清”都可以从两个方面来理解。就“亲”而言，一方面，领导干部一定要深入基层，真正了解民营企业遇到的困难，真心实意地帮助它们解决问题；另一方面，民营企业要主动向政府汇报自己的困难，说清楚想请政府帮助自己解决哪些问题，让相关的政府部门了解到企业面临的实际情况。就“清”而言，各级领导干部要注意做到“清”，就是不能以权谋私；民营企业家也要做到“清”，在处理与政府的关系时，一定不能行贿，不能给领导干部个人输送利益，要维持一种干干净净的关系，这样才对企业发展有好处。

我到某些经济欠发达的地方调研的时候发现，一些地方在招商的时候，宣传营销力度很大，当你一旦投资开工以后，政府部门的配合度就不如以前了，这也遭到了一些企业的诟病。这种情况应引起政府部门的高度重视。

王佳宁：在具体到国有企业混合所有制改革过程中，中央提出要鼓励推广政府和社会资本合作（PPP）模式。财政部还推出了PPP示范项目，各地的PPP项目开展得如火如荼，向越来越多的领域渗透。PPP以其吸引社会资本、减轻政府财政负担、促进政府治理模式改革中所可能发挥的作用而再次获得社会各界的关注，形成了前所未有的新一轮热潮。在此过程中，也出现了一些不容忽视的问题。

厉以宁：PPP模式在国外流行的时间比较长，但是在中国开始得不久。运用好PPT模式，最重要的一点是诚信。如果PPP不以诚信为基础，很容易在发展中产生各种矛盾。

社会是一个大的领域，其中一部分是交易领域，另一部分是非交易领域。在交易领域，市场调节、政府调节都在起作用。非交易领域更广，政府要管，但是不能越界，必须在法律的界限内管理。这个时候，更多要依靠道德力量来调节。

对经济的调节手段，除了市场调节和政府调节外，还有道德力量。有了市场，有了政府，同样需要道德调节，PPP模式就需要让道德力量深入进去。PPP项目运营，要通过道德诚信建设来体现高效率。政府的角色是投资者和经营者。另外，政府也是管理者，对待国企私企，要一视同仁。

三、全面深化改革的差别化探索

王佳宁：我国不同地区的资源禀赋和经济发展水平存在较大的差异，这也决定了我国的改革不可能是整齐划一的。整体推进并不意味着平行站位。也正是如此，我国设立了数量众多、类型各异的试验区进行差别化的改革探索。

厉以宁：我国的改革还处于试验阶段，试验的结果还有待观察。如农村的改革，最终要达到什么效果，现在还不能做出定论。关于结构性改革，即农业的问题，产业的问题，量化到个人，就很难了。真正实现股份合作制，体现在每个人都拥有投票权，决定公司的领导者，这是大家选出来的，或者是大家公平聘任来的，这样才能提高大家的积极性。

王佳宁：在全面深化改革进程中，无论是发达地区还是欠发达地区，都不同程度地出现了“懒政”现象。一些地方官员担心改革失败或出现风险，影响自己的政绩和仕途。在这种背景下，中央提出鼓励基层创新，形成改革者上、不改革者下的用人导向，及时总结推广地方的创新做法；加强对地方改革创新的支持，对地方改革出现的问题要加强研判，制定专案，有针对性地加以解决。这些导向有助于推进全面深化改革。

厉以宁：正如你所讲的，中央为鼓励地方大胆探索、改革创新，推出了一系列举措，允许试错、宽容失败，努力营造出想改革、谋改革、善改革的浓郁氛围。具体来讲，要注意如下方面：一是要采取正面教育，对于做出成绩的人，要予以表扬，鼓励大家做出努力，相互学习。二是要注意地方政府换届与政策连续性的问题。不能因为地方政府领导换届而导致正确的改革停滞不前或者改弦易辙，人为增加改革的成本。

王佳宁：我和厉老想到一起了。在地方的改革实践中，我们注意到，近两三年，特别是重庆的经济增速一直保持两位数增长，贵州也是如此。但是，从实际的发展趋势来看，能保持两位数增长的省份极少，重庆的这个现象，引起了外界的关注。请您就重庆的经济增长方式进行分析和评价。

厉以宁：我去过几次重庆，还就重庆的情况专门讨论过。重庆有三大优势：一是区位优势。重庆处在“一带一路”和长江经济带“Y”字形大通道的连接点上，“渝新欧”大通道的开通可以使货物从重庆直接进入欧洲。二是重庆对民营企业帮扶力度较大。重庆工商联专门组织企业主到北京考察，支持企业发展。三是重庆新产品的功能、种类、技术含量较高，能够吸引年轻人去创业，进行创意生产。

王佳宁：您对重庆的判断很准。创新驱动发展战略是中央在新的发展阶段确立的立足全局、面向全球、聚焦关键、带动整体的国家重大发展战略。为实施创新驱动发展战略，中央发布了《关于深化体制机制改革加快实施创新驱动发展战略的若干意见》《国家创新驱动发展战略纲要》《“十三五”国家科技创新规划》。各地也特别注重创新驱动发展，西部地区也在利用创新驱动发展实现经济赶超。

厉以宁：加快实施创新驱动发展战略，是应对经济发展新常态、激发全社会创新活力和创造潜力的必然要求。现阶段，大众创业、万众创新正在成为拉动欠发达地区经济社会发展的重要引擎。我在贵州调研的时候发现，在贵州毕节，很多打工的都回来了。回乡可以用在外学到的手艺谋生。我以前去过毕节考察多次，没有发现毕节人吃蛋糕、面包的。这次去，街上很多地方都有面包房。不但做面包，还做蛋糕，这带动了社会风气的转变，小孩、老人过生日，家里有什么事都要订蛋糕，这些面包房就是返乡创业人员开办的。还有在毕节看到的一个景区，叫百里杜鹃，旅游的人多，汽车也多，经营餐饮业、汽车修理的小店铺都是外出务工者返乡经营的。

在城市二元户籍正在改革为一元户籍的过程中，他们回家了、创业了，成为推进农业产业化蓬勃发展的主力，他们是新型农民，是职业农民。还有一些人，有了技术，办起了小微企业，他们不再是农民，成了小微企业主，他们渴望学习新知识，提高经营水平。他们被大众创业、万众创新的浪潮所吸引，走上创意、创新、创业之路，他们继续自学，增加知识、提高技术水平，把自己的兴趣、专长、愿望和市场的发展联系在一起。作为中国新一代的创业者队伍中的一员，他们努力钻研，也带动了周围同学、朋友的创业热情，共同成长为中国创新创业大军中的一员。

（2017年1月9日接受《改革》杂志专访）

学术性调查机构在中国是一个新生事物

——学术性社会调查机构发展前瞻

社会调查的实践已有几千年的历史。古代一些大的工程进行过程中，就有收集资料和实地考察的工作经验，以此作为准备。工业化开始后，从19世纪开始，学术性社会调查在西方正在进行工业化的国家迅速发展。20世纪80年代初，我在《二十世纪的英国经济——“英国病”研究》一书中指出，在工业发达国家出现了一系列难以解决的社会问题，诸如环境污染、犯罪率和离婚率上升、失业和贫困加剧等，使人们逐渐认识到，经济增长并不一定意味着社会发展。这就要求从社会整体发展的观点出发，应用社会调查方法，收集大量更全面的事实来描述、分析社会发展状况和发展趋势，从而监测社会发展和采取相应措施。随着这些学术性社会调查项目的启动，如何管理好这类项目和机构就成为社会需要。

过去我还不止一次讲过，管理既是一门科学，又是一门艺术。我们已经进入了新世纪。在这个新的世纪中，知识经济的兴起一改传统组织管理靠大量资金、设备等有形资产起决定作用的状况，而呈现出以知识、智力为主的无形资产在组织管理中起关键作用的特点。管理，是由人来进行管理；管理的对象，有人，也有物，还有人际与社会关系。大到管理一个国家，管理社会，小到管理一个企业、一个单位、一个社区，管理者都要考虑如何有效地协调好各种人际与社会关系，进而从社会中整合各类要素并使效率不断提高。新世纪是一个知识和创新的价值不断升值的时代，社会变化的速度明显加快。在这种环境中，一个组织或机构需要生存与发展，就需要具备适应环境变化的能力。因此，在机构管理上，更加突出人际关系的作用，强调外部公共关系的协调，重视机构与社会的适应。

任何一个时代，组织机构的发展都离不开思想观念的更新与进步。进入知识经济时代，更需要经营观念方面的不断创新。观念是一切事物处理方法的开端，没有观念的突破，很难有方法上的突破。调查机构大多把主要精力集中到调查技术的升级和调查流程的完善上，而忽略了外部社会关系的重要性，在外部资源整合方面往往成为发展的瓶颈。由于无法获得社会各界及时有效的支持，调查机构在开展社会调查时往往受到许多限制。面对这种挑战，调查机构需要在经营观念上有所突破，强调公共关系的重要性，从公共关系的视角来经营调查机构，全面提升调查机构的社会资源整合能力和力度。我想，这应该是调查机构的转型与发展之路。

学术性调查机构在中国还是一个新生事物。在这个阶段，如何让社会各界更好地认识到学术性社会调查的重要性，进而能够大力支持这些机构的发展，成为摆在学术性调查机构面前的现实问题。新观念的树立是一个潜移默化的过程。公共关系可以创造一种良好和谐的外部环境，通过与社会公众进行有效沟通与交流，使社会调查的理念及成果化为具体生动的现实事例，让社会公众乐于接受。公共关系最基本的职能是通过传播信息实现互动和交流。调查机构运用公共关系进行管理时，可充分发挥其双向沟通与交流的特点，向社会公众传输关于社会调查的新思想和新观念。在传播过程中，还能及时通过社会公众的信息反馈来调整传播的内容，使其和公众需求及兴趣相吻合，从而提高传播的效果，使社会调查所需要的若干新观念逐步深入人心，进而为调查机构的运营创造一个有利的外部环境。

要在调查机构内部导入与实施全员公关管理，并非一帆风顺。但是，只要方向是对的，那么调查机构的转型与改革就不可避免。我曾经多次指出，改革有两种导向，一种是利益导向，一种是危机导向。利益导向是在企业上升期就看到更大的潜在利益，因而在企业还不错时就改革，以取得更大的成功。而危机导向则是企业发生危机了，才不得不改革，但由于这时遇到了种种困难，改革的难度要大得多。这样的判断，同样适用于调查机构。调查机构不能等到举步维艰的时候再去改革，而是要抓住有利时机及时实施组织再造和机构改革。对于调查机构的改革，顾佳峰在《调查机构公共关系经营与管理》中做了深入阐述，提出了建设平台型调查机构的构想，通过实施精准公关模式来实现组织再造，为调查机构的转型和改革提供了一个蓝图。这是一个很有前瞻性的想法。

目前国内的学术性调查机构，通过开展和实施社会调查项目，已经有了一定的基础，收集上来的数据也越来越被社会各界所引用。但是，生存和发展的压力依然很大。如果安于现状，其结果是难以保持现状。如何确保调查资金的持续投入？如何获得各级政府、媒体及家庭的支持？这些问题都是亟待各个调查机构管理者去面对和破解的。在社会资源竞争如此激烈的今天，调查机构有必要运用公共关系管理方法，强化社会各界对调查机构的认同感，增加调查机构内部员工的紧迫感与危机感，从而才有可能有效整合内外部资源，以提高调查机构的运作效率，使其最终成为社会监测和社会研究中的一个权威机构。所以，公共关系的成功运用将提高调查机构的综合素质，增强调查机构的整合能力。在知识经济时代，公共关系是促进调查机构发展的一种科学、有效的手段。

（原载《北京日报》2017年1月23日）

关注我们周围发生的变化

中国正处在一个剧烈的变化时期，其中一个变化就是人力资本的革命正在开始。我们以前都听说“中国的人口红利快结束了，中国的改革红利枯竭了”，但是现在给我们的感觉是什么呢?

一、农村的变化

中国正在出现新人口红利。新人口红利来自什么地方?来自农村。我走了几个省考察，现在的农村和以前是不一样的，很多农民办了家庭农场。土地确权以后，特别是土地流转以后，有人办大农场、家庭农场或者转包了人家的土地，或者租了别人的土地。办农场以后就要传给第二代，就把孩子送到技术学校、农业学校去学习了，农场经营者自己也进了学习班，学习家庭养殖、家庭果园，等等，各种家庭农业就发展起来了。

在农村看到另一个现象就是农村很多劳动力，过去出去打工的回来了。回来干什么呢？因为听说家里农业已经土地确权了，土地好种了，在外面打工辛苦，特别是夫妇两地分居问题，中国据说至少两三千多万是两地分居的。在外打工人员的家里，老婆、孩子、老人没人照顾。在外面打工这么多年，他们就感觉到自己交了朋友、学了技术，懂了市场还存了钱。回去干不是一个人，而是相互抱团回家了，回去以后就办各种小微企业。我在很多地方看到一个最普遍的现象，就是旅游区周围的公路两边都是小的摩托车修理厂、汽车修理厂。谁开的？打工仔回来开的。

有人说中国人口红利没有了，其实人口红利正在兴起。中国正在发生变化。职业学校现在可红了，我走了几个地方，职业学校现在都成了“职业教育城”。“职业教育城”是干什么呢？有的是教缝纫的，教钳工、教木工、教做衣服的。做衣服的是很红的，到城里打工学习做衣服，先学缝纫，再开时装店。我是毕节扶贫组的总顾问，经常去毕节，在毕节就看到小型时装店非常受欢迎，有新的式样，又合流行款式，价钱又便宜，凡是外面商店有的那里都有，顾客还可以自己带料子定做。这样，小微企业多了，县、镇经济就活了。这就是我们身边发生的第一个变化：农民工返乡创业带来的变化。

二、创新的变化

“创新”这个词是一百年前熊彼特提出的，他是原籍奥地利、后来入了美国国籍的经济学家。中国的大众创业万众创新和他说的创新不是一回事，因为那是一百年前的、工业化初期的创新，中国现在是什么？中国现在开始进入后工业化了，进入信息化时代了。举几个例子。熊彼特认为什么是创新？生产要素的重新组合是创新。中国现在是什么概念？我跟那些大学生、研究生讲，中国的概念是：信息的重组更重要。不是生产要素的重组，而是信息的重组。熊彼特的观点是企业家要把发明家的成果买来，买他的专利，然后投到经济中去，办成企业，这就叫创新。现在中国是这个情况吗？中国当然也有这种情况，但更多的年轻人重在创意、创新、创业。你看那些咖啡馆，比如北大附近的“1898咖啡馆”（1898是北京大学成立的那一年，所以叫1898咖啡馆），其他好多地方也有类似的咖啡馆，都是年轻人在那里聚会。他们在谈什么呢？谈创意。要有创意才行，有了创意，资金自然就到了。为什么？大量资金正等待好项目，没有好项目不出手。有了创意，就有好项目，资金自然就到位了。这样，是不是一定需要有企业家呢？企业家能发挥自己的作用，还是要有的，但今后更多的是需要新领域的领路人。

2016年世界经济仍处于新旧思维碰撞、新旧机构并存、新旧规则交替、新旧动力转换、新旧力量对比的动荡期、转型期、变革期和调整期，世界经济和贸易增速双双低迷，更多的矛盾和问题交织并存。但从2017年或更长一段时期看，进入低速增长新常态的世界经济和中国经济，在面临诸多挑战的同时也孕育着新的发展机遇。

（原载《全球化》2017年02期）

创新创业引领下的中国城乡正发生巨大变化

2017年3月4日，在全国政协经济组第34组讨论会上，年近87岁的全国政协常委、著名经济学家厉以宁谈到在创新创业的浪潮中中国城乡发展出现的一系列巨大变化时，引起全场委员、媒体记者的关注和热议。

一、“城归”族正在出现，成为农村的新变化

厉以宁说，过去一年来，他感受最深最大的变化是农村的变化，其发展速度已经远远超出意料。农村的变化、农民在脱贫中出现的新现象和变化，值得大家关注。

第一个变化是农民在学习。厉以宁谈到，他在一些地方考察时发现，在土地确权和土地流转以后，家庭农场的规模在扩大，农民积极参加各种学习班，这是没有想到的。农民学什么？学的

是怎么管理好家庭农场，怎么培养自己的孩子做接班人。农民对下一代要求更加严格了，因为不能掌握农场管理知识和经验，将无法接班。

第二个变化是出现一大批“城归”。过去只听过海外留学归来参加祖国建设的人叫“海归”。什么是“城归”？厉以宁介绍说，“城归”就是近几年从农村走出去到城里打工，现在又纷纷回到家乡创业的一批人。

厉以宁说，现在很多农村人去城里打工学习新技术、新思想，回到农村后创业，办小微企业、农家乐等。这一“城归”现象解决了很多农村妇女、儿童和老人的留守问题，越来越多的青壮年劳动力回到家人身边。

这一变化是相当大的。厉以宁在贵州毕节考察时发现，以前农民都不愿意出去打工，因为农民都在山上，下山出山很不方便。但是后来农民出去打工，见识到外面的世界，结交了朋友，积累了经验，有了技术，懂得了市场运作，很多农民选择回乡创业。他们回乡干什么呢？办小微企业。厉以宁说当地的许多小微企业都是以前的打工仔、打工妹创办的。有开面包房的，过去农民是不怎么吃面包的，出去打工以后学会了面包制作技术，回来开面包房，开始做面包，做蛋糕。现在大人小孩过生日都要买蛋糕，这样面包房很快就发展起来了。

厉以宁说他还遇到过一个打工者，回乡以后开办裁缝店。因为当地人在买服装的时候，有些人对料子和款式不够满意，基于这一需求，这位打工者创办了裁缝店，依据客户的需求量身定做，定制商场没有的样式，而且价格比商场便宜，很受客户欢迎。

还有一些打工者回到家乡办农家乐。在贵州毕节百里杜鹃区，每年3月，那里开满了杜鹃花。整条马路两边都是农家乐，农民依托地理环境优势发家致富。

谈到在陕西考察的经历时，厉以宁说，陕西汉江区域不能使用农药化肥，种田必须使用有机肥。在西湘县汉中地区考察时发现，那里的农民大多种茶叶，而种茶叶需要很多人工，家家都希望打工的孩子早点回来，帮忙种茶树。听到家乡的茶场需要人，外出打工的人很高兴，都愿意回去，因为出去打工的夫妻大多都是分居状态。据统计，全国有4000万名左右的留守妇女，4000万名左右的留守儿童，还有4000万名的留守空巢老人。儿子回来了，女儿回来了，在当地就业，这些社会问题也随之解决了。此外，种植茶叶不使用化肥，产量也非常高。

这些都是回乡创业的一个个例证，同时也见证了农村发生的一系列重大变化。

二、中国的创新需要“信息+创意”的重新组合

关于城市的变化，厉以宁说，中关村有很多咖啡店，其中一家是北京大学办的咖啡店——1898，经常可以看到许多大学生、年轻教师、青年科研人员汇聚在这里。厉以宁说：“别看这些年

轻人在喝咖啡，他们谈的是创意，有了创意，就有了创新，而有了创新就有创业。”厉以宁提到，现在创业最重要的两大资源就是信息和创意，现在已不是100年前熊彼特提出的“生产要素的重组”。今天是信息重组的时代，中国的创新更要注重信息的重组。谁掌握最新信息，谁就在实现创业的道路上最先迈出了一步。

厉以宁同时指出，现在有创意的项目太少了。项目只要有创意，资金就会追着来，目前的创新创业过程正在发生深刻的变化。

三、中国人口红利和改革红利正在显现

厉以宁说，我们应该怎么看待中国的国情？结构性调整的成效是不会那么快的，快就不是结构性调整了，这是一个缓慢的过程。调结构的过程中，还要去产能、补短板。许多变化，走出校门、走出家门，随时可以看到。有些外国人不懂真实情况就说，中国人口红利没有了，改革红利没了。谈到这一问题时，厉以宁表示，中国人口红利和改革红利都未消失。党的十八大以来，大量新的红利和动力正在涌现。大家如果到农村看看，到城市去看看，就会发现人力资本的革命正在开始。近年来，职业技能学校成为最受青年人青睐的学校，培养了大量技工。厉以宁认为，中国新的人口红利已经出来了。至于改革红利，厉以宁表示，党的

十八大以来，中国的改革步伐和进展很快，这也正是大家天天遇到和感受到的。这种变化和发展不仅在城市，在乡村也正不断涌现，改革红利正不间断的凸显。

在谈到创新创业的浪潮中，如何看待“双创”问题，厉以宁说在创业过程中，机遇和风险是并存的，不了解风险不行，不了解机遇也不行，但在两者之间怎么把握，要看个人的智慧。

（2017年3月4日在全国政协经济组第34组讨论会上的谈话）

改革需要一代新人

2017年3月18日，全国“两会”结束后的第三天，厉以宁接受《财经》记者专访。

参与立法，推动股份制改革

《财经》：在过去30年里，您参加了30次全国“两会”。前15年在全国人大常委会工作期间，主要做哪些工作？

厉以宁：主要做了两件事，一个是参与立法，一个是推动股份制改革。人大的工作重点是立法。我参加了一些法律的审定，如《民办教育促进法》《农村土地承包法》等。也参与起草了多部法律，主要是《证券法》和《投资基金法》。

邓小平南方谈话以后，第七届全国人大常委会委员长万里同志提议制定《证券法》。他认为，《证券法》涉及面广泛，不宜由某一个部门主持起草，可以由全国人大常务委员会中的专家主持起草。1992年成立全国人大《证券法》起草小组，我被任命为《证券法》起草小组组长。1993年八届全国人大后，我担任经济委员会副主任，继续负责《证券法》起草工作。《证券法》起草前后长达七年，最终在1998年12月29日九届全国人大常委会第六次会议上通过了。

《财经》：在20世纪90年代，中国证券市场发展迅猛，问题迭出，亟须制定法律来调整市场主体关系、维护公平竞争。

厉以宁：是的，《证券法》的出台是中国社会主义市场经济发展中的一件大事，标志着中国证券市场法制建设进入了一个新阶段，是证券市场发展过程中的重要里程碑。正因为它重要，涉及利益复杂，所以关注者非常多，争论也非常大，易稿不下数十次。从实施以来的情况看，证券法对于规范证券发行和交易行为，保护投资者的合法权益，维护社会经济秩序和社会公共利益，促进社会主义市场经济的发展，起到了积极的作用。当然，由于经济形势的变化，《证券法》后来有修改。

值得一提的是，这是新中国第一部由全国人大组织专家起草的法律，在新中国的立法史上开启了先河。从那以后，人大的立法逐步从过去的部门立法转向有专家参与的立法，某些法律还是由专家组织起草的，这也是国际通行的做法。

《财经》：1999年全国人大开始起草《投资基金法》，起草组长也是由您担任的。

厉以宁：最初这个法律叫作《投资基金法》，包括证券投资基金和非证券投资基金。但是由于争议实在太大，后来决定先出台《证券投资基金法》，因为证券投资基金方面的争论比较少，非证券方面下一步再起草。《证券投资基金法》的起草工作由我来负责。初稿写成以后，受2001年前后股市惨跌的影响，人们怀疑出台这部法律对股市是否有利。我的回答是，有法可依当然比无法可依好，从长远来说肯定是有利的。经过几次审议，2003年10月28日，《证券投资基金法》最终在十届全国人大常委会第五次会议上获得通过。这部法律的出台，有利于规范基金运作，促进基金业的快速健康发展，从而更好地促进证券市场的发展。

《财经》：证券市场的发展有利于股份制改革的推进。从20世纪80年代中期开始，您就积极提倡股份制改革，因此被称为“厉股份”。但是，股份制在中国的发展一波三折，很不顺利。

厉以宁：争论一直很激烈。直到1992年，邓小平南方谈话和中共十四大之后，股份制快速发展，不过还是有曲折。1993年，中共十四届三中全会通过《中共中央关于建立社会主义市场经济体制若干问题的决定》，提出国企必须进行制度创新，但是文件中没有肯定股份制。

股份制的实际推行也不顺利，因为当时主管经济的国务院领导对股份制是有疑虑的。所以，国有企业在20世纪90年代搞了许多不触及根本问题的做法，包括减员增效、优化组合等措施，五花八门，但是实际效果仍然不令人满意。一直到1997年，中共十五大报告第一次明确提出了混合所有制经济的概念，明确指出建立现代企业制度是国有企业改革的方向，“股份制是现代企业的一种资本组织形式，有利于所有权和经营权的分离，有利于提高企业和资本的运作效率，资本主义可以用，社会主义也可以用”。这是改革上的一大突破。

《财经》：1997年就提出“混合所有制”，近年来国企改革再次提出要推行“混合所有制”。从这个角度看，股份制改革的成绩并不理想吧？

厉以宁：股份制改革的成绩应该肯定，它对于中国保持经济高速增长发挥了重要的推动作用。当然，也存在一些问题。就国有企业体制改革而言，现在大多数国有企业都是股份有限公司，不少还是上市公司，表面上看拥有完善的法人治理结构，但很多名不副实，并没有成为真正独立自主的经营主体。

中共十八届三中全会提出“积极发展混合所有制经济”以来，中央政府提出了许多具体措施。不过当前的国有企业改革，发展混合所有制仍然碰到了一些问题。发展混合所有制，就是要在产权明确的基础上，进行多元的、多种形式的投资。可是我们在调研中发现，国有企业的积极性不高，上面让我搞我就搞，你让我跟谁谈判我就跟谁谈判，对产权激励躲得远远的，以免被指责国有资产流失。

当前，供给侧结构性改革的当务之急，就是推行国企改革。国有企业必须走混合所有制的道路，国有企业必定要健全法人治理结构。为此，就要继续推进股份制改革，使国有企业成为真正独立自主的经营主体，这样国有企业才有真正的前途。

参与扶贫，为民营经济鼓与呼

《财经》：2003年，九届全国人大结束后，您转到了全国政协工作，先后担任第十届、十一届、十二届全国政协常委和经济委员会副主任。这十多年里，您主要关注什么问题？

厉以宁：主要也是两件事，扶贫和民营经济。

2003年7月起，我担任毕节试验区第四届专家顾问组组长，后来又担任总顾问。毕节试验区是中国第一个，也是唯一一个"开发扶贫、生态建设"试验区，旨在挑战人口膨胀、生态恶化、经济贫困"三大难题"。十多年以来，我多次到毕节试验区考察、调研、讲学。为了提高毕节地区领导干部素质，北京大学光华管理学院从2004年开始对毕节地区副县级以上干部进行培训，为毕节地区的改革提供人才支持。学院的许多教授、副教授都去试验区讲课，同时我们也帮助当地建立了6所希望小学，同时联系了一批大企业安排新员工赴当地学习、支援。

《财经》：毕节属于贫困山区，被联合国有关专家认为"不具备人类基本生存条件"的喀斯特地区，多年扶贫效果如何？

厉以宁：就是在这样的地区，毕节试验区探索出了人与资源、人与环境、人与自然和谐、可持续的科学发展路子。毕节是贵州乃至中国西部类似地区的一个缩影，它的发展经验对其他贫困地区都有很好的示范作用。

《财经》：我注意到，在毕节扶贫中很注重发展民营经济。在中国经济发展中，民营经济发挥了重要作用，但是一些问题并没有得到解决。进入新世纪以来，围绕民营经济的争论很多，例如民营企业家“原罪”论就曾经甚嚣尘上。

厉以宁：我到全国政协工作以后，就非常关注民营经济的发展。当时民企处在一个不公平的地位。比如民企跟国企间发生了债务纠纷，如果是国企欠民企钱没有还，这是商业纠纷；如果是民企欠国企钱没有还，这是侵吞国家资产，是有罪的。这就不公平了。

2003年下半年，我担任全国政协“非公有制经济发展专题组”组长，带领调研组到辽宁、江苏、浙江、广东等地调研，发现民营经济在准入领域、融资、税收、土地使用、对外贸易等方面遭遇到重重阻力。我们调研组拿出了一份详细的调研报告，提出了放宽非公有制经济市场准入、拓宽融资渠道、加大对非公有制经济的财税金融支持等建议，上报国务院。一年多以后，2005年2月，国务院制定了“非公36条”，要求鼓励支持和引导非公有制经济发展。

《财经》：“非公36条”得到了社会各界的高度评价，但是在执行过程中也遭遇了重重阻力，因为存在各种“玻璃门”“弹簧门”。

厉以宁：所以，2010年国务院又发布了《国务院关于鼓励和引导民间投资健康发展的若干意见》，被称为“新36条”。它对民营经济在市场准入的条件、范围、扶持政策等方面做了更明确、宽松的规定。

由于陈旧的思想意识等各种阻碍因素存在，发展民营经济并非易事。现在民营经济还有三个问题没有解决，需要继续推动。

《财经》：哪三个问题？

厉以宁：第一，明确产权保护。当初民营企业在体制的夹缝中生存，很多产权不清晰，所以后来出现各种问题。产权保护的首要问题，就是以公平作为核心原则，不管是公有还是非公有的，都要一视同仁地进行产权保护。只有让广大的民营企业家感到自己的产权是有保障的、在法律面前是人人平等的，他们才会增加经济活动的动力与活力。

第二，妥善处理民营经济产权的纠纷。特别是对历史问题，要依照去年中央发布的《关于完善产权保护制度依法保护产权的意见》，严格遵循法不溯及既往、罪刑法定、在新旧法之间从旧兼从轻等原则来处理。这样做有利于稳定社会预期和增强企业家的安全感，对鼓励民营企业的发展信心非常重要。

第三，鼓励和保护企业家精神。中国经济要实现中高速增长，一个重要前提条件是创新。创新、创业是中国的大势，没有企业家精神创不了新。只有鼓励和保护企业家精神，才能促进创新。

《财经》：从旧“36条”，到新“36条”，再到去年的《关于完善产权保护制度依法保护产权的意见》，十多年过去了，为什么到今天还有相当一部分企业家对自己的财产、财富缺乏安全感，对企业前途没有稳定的预期？

厉以宁：很大的原因是企业家对国家政策缺乏了解。对当前的政策，不仅是行政管理部门要学习，民营企业家自己也应该学习，不然的话老想不开。最近全国人大通过了《民法通则》，对中国的未来发展是一个重要保证。这些都应该好好学习。

《财经》：但是在中国的政治经济体制下，企业家在公权力面前毕竟是弱势群体，政府的责任更为重要。

厉以宁：政府首先要方向明确，最核心的是产权问题。有产权保护，投资者才有安全感、才有积极性。落实产权保护制度，保障财富安全，然后再让民营企业家发挥自己的才能。如果企业家老是害怕，一有空就往国外转移资产，就不可能投资兴业。

对民营企业家来说，也一定要对国家政策有清楚的认识。新常态下，政企关系要重塑。民营企业和政府的关系，要做到三个字，"亲、清、净"，亲近、清白、干净，这样就不怕了，就能够轻装上阵了。

改革需要一代新人

《财经》：从人大到政协，您关注四件大事，它们的主线是什么？

厉以宁：主线就是改革。参与改革，推动中国的现代转型，是我们这一代人的使命。自从1978年开始改革开放以来，虽然有各种各样的争论，也有多种多样的曲折，但是中国改革一直没有停止过。经过这样那样的困难，回头一看，我们又上了一层台阶。

《财经》：1987年国家体改委委托一些课题组，搞中期改革规划，当时您是其中一个课题组的负责人。到现在整整30年过去了，当年在搞改革规划时有没有意识到改革会搞这么久？

厉以宁：我们都知道，中国一定要走改革的路，但是这条路并不是一条笔直的大道，而是弯弯曲曲的。不过我们谁都没有讲出来，否则，人家就会觉得你们搞改革的人都没信心，那他们更没信心了。虽然不讲，其实大家心中是有数的。

《财经》：当时您有没有想过改革的时间表，是20年、30年，或者50年？

厉以宁：没有想过，只是觉得改革不容易，只能一步一步向前推。

我在人大就知道，立个法有多难。1980年前后就开始土地承包，可是《农村土地承包法》到2002年才出台。记得在制定这部法律时，对于草案如何规定"土地承包经营权流转"的几种方式有不同意见。后来我跟全国人大财经委员会的其他一些委员一起，坚持提出要将"入股"写进去。最终通过的法律里加上了可以"股份合作经营"这一条。事实上，入股这样的做法在农村早就已经有了。

《财经》：现在社会上有一部分人对于改革的信心并不是特别强。因为他们觉得改革进展缓慢，远远跟不上人们的预期。从中外历史看，一场改革或变法往往几年或十几年就完成了，像当代中国这样漫长的改革似乎从来没有过。

厉以宁：因为中国正在做前人没有做过的事情。从1979年起，中国进入了双重转型阶段：一个是体制转型，就是从计划经济体制转向市场经济体制；一个是发展转型，就是从传统的农业社会转向工业社会、现代社会。

两种转型的重叠，在世界上是没有先例的，也是传统的发展经济学中没有讨论过的。在第二次世界大战结束之后，一些新独立的发展中国家，由于那里过去不曾实行计划经济体制，所以只出现发展转型，即从传统的农业社会逐步转向工业社会。

中国的双重转型，体制转型是关键。因为一旦建立计划经济体制，它对经济的控制肯定是经济和政治合一的，多年以来已经形成了一套完整的体系，从政治、经济、社会、文化各个方面支配着城乡居民的生活，也形成了一种习惯的舆论环境。因此，中国改革的难度非常大，绝非是一代人的事业。所以，我们既要看到改革的艰难，也要看到改革在不断进步，不要悲观。

《财经》：在您看来，现在中国改革的主要阻力是什么，中国改革急需在哪些方面有些突破？

厉以宁：利益集团和制度惯性是改革的两大拦路虎。

利益集团认为改革有损于他们的利益，因此有各种不同的反映。这就需要有政治勇气和智慧，以中国未来前景、中国未来发展作为考虑问题的出发点，不要因为一些利益集团的反对或者阻挠而停止改革。

制度惯性也叫“路径依赖”，老路走惯了，走新路总是觉得不合适。特别是地方政府，在长期的计划经济体制下养成了强烈的“制度惯性”，怕困难，担心改革搞不好，总认为走老路是最保险的。老路里搞不出新东西来，必须摆脱路径依赖。

《财经》：今天改革的形势和30多年前不一样，比较容易改革的都已经改了，利益集团和路径依赖是“硬骨头”。

厉以宁：两个问题都需要在改革中解决。一方面，要有壮士断腕的手段和决心。另一方面，要在实践中培养一代新人。中国改革迫切需要一代新人。年轻人到基层去，边工作边学习，将来成为推动改革的主力军。

《财经》：从1840年以来，中国的几代知识分子都为建设现代文明的国家而奋斗，但迄今为止，在某些方面距离目标越来越近，在某些方面却还有距离。

厉以宁：改革是建设现代文明国家的必由之路，必须一步一步地推动，没有捷径可言。我在贵州毕节搞了15年，再加上以前的15年，30年了，毕节还没有完全脱贫。可见，改革是不容易的。我的理想是经世济民，社会繁荣百姓安居。我们这一代知识分子的骄傲，就是我们参加了改革，这是我自己可以得到安慰的。

改革是一个渐进的过程。许多人经常处于观望的心理，认为个人力量也没那么大，只能跟着大家走。一代新人应该要义无反顾地投身改革。30年以后的中国什么样子，你能想象得到吗？我相信，那时距离我们的奋斗目标会更近，中国会更加美好。

（2017年3月18日接受《财经》记者专访）

中国故事：改革开放开始后中国的股份制是怎样推广的？

从1949年中华人民共和国成立到1978年以前，中国实行的是计划经济体制。在这段大约30年的时间里，虽然经济也有一定程度的发展，但同一时期，周边一些国家和地区的变化更为明显，一个重要原因是它们利用了市场经济的力量，走开放经济的道路。于是中国人开始懂得，只有转向改革开放，才能加速前进。1978年12月，中共十一届三中全会召开，做出了重大决策：走向改革，走向开放。

中共十一届三中全会指明了中国经济前进的方向。改革开放初期主要进行了三项改革：一是实行农村家庭承包制，二是鼓励农民创办乡镇企业，三是建立了经济特区。三项改革好像给平静的湖面投下三块巨石，从此中国经济再也不能像过去那样平静下去了。从1979年到1984年短短的五年间，中国经济开始出现了巨大变化。比如说：凭票供应的时代线束了，农贸市场上的产品日益丰富，鸡鸭鱼肉、粮食蔬菜水果应有尽有。乡镇企业为市场提供了各种商品，于是在大一统的计划“市场”以外，出现了计划外的“乡镇企业商品市场”。经济特区以超过香港的速度迅速建成一栋栋高楼和一座座工厂。到了1984年10月，中共十二届三中全会召开，宣告了改革重心向城市转移。

从1985年起，在中国经济学界展开了两条改革主线之争。一条改革主线是把价格改革放在主要位置，主张依照1949年的西德改革，放开价格，让经济先乱一阵，然后经济就会步入正轨，由复苏转入繁荣。这种改革思路又被称为“休克疗法”。

另一条改革主线认为，中国的改革不能照搬西德经验，因为西德是以私营企业为主，它能适应价格改革，加之，当时有马歇尔计划，以美援支持西德改革。而中国是以国有企业为主的，国有企业在计划经济体制下并非市场主体，它们受政府控制。这样，中国国有企业不可能因价格放开而活跃起来，可行的做法应使市场主体产权清晰。因此，股份制改革才是中国经济体制改革的主线。我和其他一些主张产权改革的经济学家，都认为先让国有企业产权清晰。也就是说，我们都认为，股份制改革价格放开更重要。经济中如果没有清晰的产权，国有企业不能成为市场主体，改革难以有效。

但经济学界有些同志认为，股份化就是私有化，这是违背社会主义方向的。一时形成指责“私有化”的浪潮。

这种情况直到1992年邓小平南方谈话之后才改变。中共十四大明确市场经济导向，股份制开始试行。1997年，中共十五大正式提出，在社会主义条件下，股份制是公有制的实现形式，这是理论上的重大突破。通过股份制改革而建立的现代企业制度同社会主义基本制度统一了。理论界一部分人对股份制性质的质疑也就逐渐消失。

要知道，中国的股份制是在计划经济体制向市场经济体制转变过程中实行的。国有大企业的股份制改革仍有困难，于是采取了“存量不动，增量先行”的办法，即国有大企业的股份分为两类，一类是非流通股（即存量不动），另一类是流通股（即增量先行）。国有大企业终于走上股份制的道路。

但非流通股在股份制的国有大企业中所占比重太大（即存量过大），企业的运行机制未变，股东会开不起来，董事会只有一种声音，即绝对控股的国有大股东的声音。因此，国有大企业的股份制的第二次改革必须推行。1998年，《中华人民共和国证券法》以高票在全国人大通过。股份制的第二次改革也在21世纪初年推出。

股份制的第二次改革大约在2006年终基本完成。具体做法是：非流通股持有者给流通股持有者一定的补偿，以取得流通股持有者同意非流通股转为流通股。至于补偿多少，则由市场决定，因公司而异。为什么要给流通股持有者一定的补偿？因为当初国有大企业上市时曾有过承诺，“非流通股暂不上市”。现在非流通股上市了，所以要取得流通股持有者的谅解，给予补偿是合情合理的。股份制第二次改革终于成功。这是政府和企业共同努力的结果。

把这段历史告诉年轻人，有助于他们了解改革开放逐步推进的过程，有助于他们理解中国道路，坚定道路自信。

（2017年5月23日在全国政协“坚定文化自信，讲好中国故事”专题协商会上的发言）

当前中国需要有新的创新经济学

一、创新理论的发展

1. 历来认为生产要素重组就是创新。现在认为信息重组更为重要。

2. 历来认为企业家和发明家之间沟通不易。现在认为 只要有创意，有发明，自有中间人来从事沟通。

3. 历来认为企业家最大的难点是融资。现在资本在找项目，融资有平台。

4. 历来认为年轻人知识不足，他们主要是体力劳动人。今天，到处是年轻人，提出创意、创新、创业。

5. 历来认为失败是成功之母，现在认为关键在于思路。思路不变，继续失败。

6. 历来认为，即使有了创新，产业链形成慢。今天，只要有新产品、新工艺，产业链会迅速形成。

7. 当时，最先进的技术徐徐出现在军工部门，由军工部门引申到民间，很慢。今天，不仅最新产品可能最早来自民用部门，而且加速扩散。

二、凯恩斯经济学为什么逐渐失去主流地位

1. 古典派主张市场调节，政府只起“看门人”“守夜人”作用，认为这样经济会稳定增长。

2. 19世纪末到20世纪初，形成了以马歇尔为代表的新古典派抛弃了劳动价值论，代之以多种要素共同创造价值。但市场调节仍被坚持，政府仍不干预市场。

3. 20世纪30年代初发生了大萧条，失业严重，新古典派束手无策，其对策失败了。

4. 凯恩斯到这时为此，仍是新古典派成员，主要研究货币问题。

5. 1933年以后，凯恩斯的经济思想发生变化。1936年，他的代表作《就业、利息和货币通论》出版。

6. 凯恩斯认为只有实行政府调控政策（包括财政政策和货币政策）才能恢复稳定。

7. 凯恩斯经济学从此成为西方经济主流派，宏观经济调控成为西方国家的惯常政策。

8. 20世纪60年代末到70年代，西方国家经济发生滞胀。凯恩

斯经济学无法解释。

三、从古典经济学走向新自由主义

1. 20世纪50年代，随着凯恩斯经济学成为西方经济学的主流，新自由主义也开始兴起。

2. 新自由主义有两大代表者，一个是货币学派的弗里德曼，另一个是新自由学派的哈耶克。

3. 他们两人都主张中性货币政策。弗里德曼认为要根据经济增长率制定货币流通量。哈耶克则认为一切政府干预最终都是对市场经济的破坏。他们两人的思路是一致的。

4. 随着凯恩斯经济危机的来临，弗里德曼和哈耶克的影响越来越大。

5. 但弗里德曼和哈耶克的理论一旦被某个国家作为政策的依据，没有不失败的。

6. 滞胀总需要解决。20世纪80年代，美国总统里根采纳了供给学派的减税和增加供给政策，滞胀开始消失。

7. 供给学派是新自由主义者。

四、从“理性人”到“现实人”

1. 关于古典学派，也需要有所反思，即古典学派认为交易者都是“经济人”，也就是“理性人”。

2. “经济人”或“理性人”都以最低成本和最大利益为目标，这贯彻于市场交易中，从而维持稳定。

3. 但最低成本和最大收益目标越来越不现实，企业之间的矛盾不断，冲突也越来越多。

4. 无论是古典学派还是新古典学派都为此不解，于是经济学中出现了“次优选择”。

5. 在“次优选择”下，人已是“社会人”“现实人”。交易者的和解成为“双赢”“共赢”的根据。

6. 也就是说，“经济人”“理性人”假定只能导致两败俱伤，形成“双输”。

7. 和解导致“社会人”“现实人”生活在“双赢”“共赢”的格局之中。

五、中国正在进行一场人力资本革命

1. 中国正在悄悄地进行人力资本革命，这是巨大的变化，提高劳动者、交易者的素质。

2. 中国广大的劳动者、交易者从传统文化中懂得“和为贵”

这条古训，并用于市场。

3. 在“社会人”“现实人”理念下，交易者希望“共赢”“众赢”，各自后退一步，海阔天空。

4. “社会人”“现实人”都在“次优选择”，这就是“和为贵”的原则。

5. 人们考虑的不是“我能从你那里赚多少钱”，而是“你能从我这里赚多少钱”。

6. 和解不是口号，而是原则，这样才能双赢。

7. 市场竞争因和解而继续存在，并越来越被“现实人”接受。

（2017年5月在北京大学光华校友会上的讲话）

怀念汪永铨教授

我和汪永铨教授是在“文化大革命”这一特殊年代认识的。那时，“校文革”下令把各个系的“牛鬼蛇神”集中起来管教。最早，集中管教的地址是在北京昌平区北大分校，校本部和各个系的“有问题的人”就是集中在这里，白天劳动，晚间读“毛选”。集中来的人分散到各个不同的组。汪永铨是物理系的教员（当时的职称是副教授），并曾在学校担任副教务长职务，我是经济系的一个普通教员（当时的职称是讲师），分配在同一个组，我们就这样相识了。但集中管理的地址屡有更换，有时在昌平区北大分校，有时在校本部的红湖旁边。稍后，集中管教的地址有了名称，换本部的集中管教地址称为“监改大院”，昌平区北大分校的集中管教地址称为“昌平监改大院”。

我和汪永铨教授相识后，彼此产生了一种相互信任感。这种相互信任感是很难得的。在“监改大院”的恶劣环境下，不断有同在一个组的人向“监改大院”的工作人员告密，内容无非是某某人说了一些埋怨“监改大院”的话，或某某人把外地的武斗情况告诉了同房间的人，等等。结果可想而知，“犯规者”被一阵毒打，等等。因此，人人都不敢多讲话，也不改传递社会上的小道消息。汪永铨和我既然被分配在一个组，睡在一个房间内，两人之间之所以有交情，这和相互信任感的存在是有密切关系的。

1968年年终，军宣队、工宣队进入北京大学，“监改大院”被撤销，关进“监改大院”的“有问题的人”被各个系或学校有关部门分别领走了。汪永铨回到物理系，我回到经济系，都被编入各自系里的学生班级，继续作为“有问题的人”，向本系的军宣队和工宣队交代问题。不久，学校的军宣队和工宣队做了决定，北京大学、清华大学的教职员工分期分批到江西南昌附近的鲤鱼洲农场劳动。我和汪永铨教授的见面机会很少。

直到“九一三事件”后，1971年9月底北大教职员分批撤回北京，才算进入另一阶段。我在经济系也有了向工农兵学员讲课的机会，但仍然经常下乡。当时，北京大学在北京郊区大兴县办了分校，我长期同工农兵一起在大兴县分校工作和生活。这段时间内我根本见不到汪永铨教授。

1976年10月，“四人帮”被粉碎，不久高校恢复招生。北京大学经济系在新生（1977级和1978级）进校后，恢复了原来的教学秩序，我主讲西方经济学、比较经济史、西方经济学流派等课程。我还在教育经济学方面教选修课的课程。在教育经济学研究中，我有机会同汪永铨教授联系，并共同为北京大学教育经济学研究工作出力。正由于在“文化大革命”期间，我和汪永铨教授在“监改大院”中有一段交往的经历，彼此了解，所以改革开放后的研究合作是有基础的。

当时我们（包括郝克明教授、汪永铨教授、陈良焜教授、秦宛顺教授、靳云汇教授、范培华教授）主要研究一个重要的课题，即试图确定我国教育经费在国民收入中合理比例究竟是多少。最初我们仅从北京大学的范围内安排研究人员，但越来越感觉到工作量太大，绝不是北京大学一个学校就能完成的，决定扩充研究队伍。同时，我们向教育部正式申请了“六五”计划期间的国家哲学和社会科学重点科研项目，由北京大学厉以宁、陈良焜，中央教育科学研究所孟明义，北京师范大学王善迈等主持这一国家项目的研究工作。

参加本项目研究的共有：北京大学、西南交通大学、北京师范大学、武汉大学、河北大学、河北师范大学、华东师范大学、苏州大学、江南大学、广西师范大学、宁夏大学、大连管理干部学院、中央教育科学研究所、国家计划委员会经济研究所等二十多个单位。经过三四年的研究，《教育经济学研究》一书终于在1986年4月完成，经审核后于1988年4月由上海人民出版社出版。

在这一课题讨论、执笔和审谈过程中，汪永铨和我经常在一起讨论，他这时已经调到北京大学教育研究中心工作，同我交流的机会多了，我从他那里学习到不少知识，使我难忘。

记得当初在审阅书稿各章时，由汪永铨教授和他的研究生丁小浩博士（后来丁小浩博士留在北京大学教育学院工作，成为教授和学院领导人之一）合作撰写的第十四章初稿引起了我的注意。第十四章题为《高等学校教师队伍的合理结构问题》。高等学校教师队伍的合理结构在20世纪80年代前期是一个崭新的研究题目，只被少数教育工作者和教育经济研究者所关注。汪永铨和丁小浩师生二人却从高等学校教师的合理结构和合理职称结构的科学含义、合理职称结构的静态模型、合理职称结构的动态模型、算例与结果讨论四个方面进行研究，得出了中肯的建议，并得到教育部专家的好评。

在这里可以看出，汪永铨在教育经济学研究中是以高度责任感来从事研究的。他认为科学的结构观念必须建立在调查的基础上，必须有充分的数据作为支撑。我作为《教育经济学研究》一书的主编者在审阅各章时，一直强调"靠数据说话"的方针。我个人之所以重视汪永铨和丁小浩合作撰写的该书第十四章，与此直接有关。

岁月如梭，距离《教育经济学研究》一书的完成（1986年4月）至今已经31年了。这是当年二十多个单位、100多位教育经济学工作者集体投入精力和时间共同取得的成果。汪永铨教授作为该项目的参与者和审核者，离开我们已经好几年了。为了纪念汪永铨教授，我写下了这篇短文。经历已成为历史，是客观的存在。汪永铨教授在教育经济学中的贡献则是无法磨灭的。

（原载陈洪捷、李春萍主编《高等教育研究：在北大——汪永铨教授的开拓之路》，北京大学出版社，2018年6月版。）

中国经济学应加强历史研究和教学

一、学好经济史和经济学说史，为经济学研究打下扎实的基础

我是1951年考入北京大学经济系的，学制四年。在这四年学习期间，除了有理论经济学课程（政治经济学、《资本论》、国民经济计划等）、应用经济学课程（会计学、统计学、财政学、工业经济学、企业管理学、农业经济学等）、外语课程（俄语或英语）以外，还有经济史和经济学说史课程。经济史课程和经济学说史课程分量都很重，而且都是著名教授授课。例如，经济学说史是一学年（大学三年级）的课程，三年级上学期由陈岱孙教授讲授，从希腊、罗马、中世纪欧洲的经济思想讲到重商主义、古典政治经济学、重农学派；三年级下学期由陈岱孙教授和徐毓枬教授合讲，陈岱孙教授讲授新古典学派，徐毓枬教授讲授凯恩斯经济学。当时，同学们都感到考试有压力，但毕业后同学们回

校团聚时都异口同声地说："经济学说史一课为我们打下了扎实的经济学基础。"

经济史也是重点课程。当时分为两门课，一门是中国近代经济史，由陈振汉教授、熊正文副教授主讲；另一门是西方经济史，由周炳琳教授主讲。中国近代经济史一课从鸦片战争前清朝的闭关政策讲起，直到清朝被推翻后民国初期民族资本的兴起。西方经济史一课主要讲述西欧封建社会向资本主义社会过渡问题。

后来，北京大学经济学的教学内容又有所增加，这时我已经毕业留校了，但能有机会继续旁听我在大学期间没有听过的新课。关于经济学说史方向的新课有：罗志如教授、胡代光教授和范家骧教授共同讲授的当代西方经济学说，他们把凯恩斯以后的西方经济学说补上了。新开设的课程还有赵靖教授开设的中国古代经济思想史。这些课都使我受益匪浅。

我自1955年大学毕业后留校工作，先担任资料员，后来又转入教师系列，历任助教、讲师、副教授、教授。我讲课的范围很广，包括西方经济史、比较经济史、西方经济学、西方经济学说史等。我也讲授过政治经济学（包括资本主义部分和社会主义部分）、《资本论》解读。从教学实践中，我深深感到，得益于经济史和经济学说史课程的地方很多。我至今仍讲授管理制度和管理哲学、比较经济史两门研究生课程。至于为大学生开设的欧洲经济史和西方宏观经济学说史两门课程，我都转给留校博士生和博士后讲授了。他们在我的帮助下，已能独立授课，并受到学生欢迎，我感到很高兴，很欣慰。

二、在当前的经济学教学中，存在着对经济史和经济学说史的重要性认识不足的错误倾向

然而，令我感到不解的是，既然对经济学的学习者来说，经济史和经济学说史如此重要，为什么国内这么多的大学经济系或专门的财经学院却不为大学生、研究生开设经济史课程和经济学说史课程呢？如果是由于要讲授的课程太多，所以就不开设经济史和经济学说史课程，那么为什么不把经济史和经济学说史先列为选修课呢？如果是因为能够讲授经济史和经济学说史的教师人数不足，那么为什么不挑选一些有基础的教师到某些已开设经济史和经济学说史的大学去进修、培训呢？只要学校领导重视，问题总是可以解决的。我想，主要原因在于对经济史课程和经济学说史课程的重要性认识不足。

让我们从西方经济史的学习谈起。

学习欧洲经济史，对我们很有启发的是工业化如何开始的问题。要知道，近代工业或现代工业不同于古代或中世纪的工业。比如说，古代的希腊、罗马和西亚，古代的中国以及中世纪的意大利各城邦，都有规模较大的造船业、采矿业和毛纺织业。但在当时，设备不是主要的投资对象，工业的发展同自然科学的进步并没有紧密的联系，有些地区虽然也利用了水力、风力和畜力，但这与工业化过程中使用蒸汽机、后来使用电力作为动力不一样。从这个角度看，工业化是人类社会的一场真正的革命。

工业化是通过一系列巨额投资来实现的。最重要的是：谁是

投资主体？他们为什么愿意投资？他们能够获得投资回报吗？他们投资所获得的财产能得到保障吗？这些都属于制度变革问题。因此，从西方国家工业化的进程看，工业化实际上就是一场制度改革的过程，产权迟早都应受到法律的保护，公有经济如此，非公有经济同样如此。

西方国家工业化的历史还清楚地说明资本是怎样积累起来的。有些西方国家在工业化开始以前就建立了商船队和舰队，向非洲、亚洲、拉丁美洲进行海外贸易，并以武力掠夺土地和财富，但他们劫掠到的财富虽多，却并未用在国内的工业，而是继续用在商业和金融业中，以便继续扩大殖民化，掠夺当地的财富。他们掠夺到的海外财富，也有一部分是流入本国的，但主要用于建筑豪宅，购置庄园，或投资于商业、金融业。这些富有的商人当时是瞧不起那些从事工业特别是制造业的业主、作坊主的，他们不愿同这些小作坊主和技工为伍，认为这样会贬低自己的地位。在英国和法国，最初从事制造业的全都是小作坊主、熟练技工和有眼光的小商人。他们的资本来自何处？一靠自己的积蓄；二靠亲戚朋友的帮助和投资参股；三靠民间借贷，尽管利息不低，但创业者还能承受；四靠利润的再投资。过了一段时间，由于工业品供给增多，市场不断扩大，富裕的大商人才投资于大中型工业企业，更晚一些，金融业才有选择地介入制造业。

西方国家工业化初期技术人才不足的问题，又是如何缓解的呢？说得更明确些，最早的那些用于工业生产的机器设备，是谁设计和制造出来的？从英国、法国、荷兰等国工业化发展的历史来看，第一代工程师来自散布于国内城乡的工匠，如磨盘匠、钟表匠、唧筒匠、风车匠等，还有一些是肯动脑子、爱钻研问题的人。“爱动脑子”是他们共同的特征。

但是，为了生产出机器设备，仅仅有这些“爱动脑子”的人是不够的，需要有更多的技工加入这支队伍。这些国家一般采取了下述三种方式：一是招收学徒，包括工厂招收学徒和有技能的师傅招收学徒（称个人学徒），两类学徒并存，常在一个工地上干活；二是定期轮训，以提高技工和学徒的本领；三是设立职业技术学校，有公立的，也有私立的，以加快技工的培养。此外，不少国家还严禁技工外流到外国去工作，害怕他们把技术诀窍带到外国去。通过海关严查，一旦查到有技工偷偷外移，就课以重税或坐牢。

工业化开始后，需要有体力劳动者，主要是农民。他们纷纷离乡背井，进入城镇寻找工作。他们的配偶（有时还有子女）都一起进城了。但妇女在城里找工作是十分困难的，因为妇女的就业机会不多。这样，农民进城以后单靠男性打工赚钱，收入微薄，无法养家，渐渐连住房也租不起，孩子也上不了学，全家只能住在棚户里。妇女就业问题是如何缓解的呢？据经济史资料，多亏有了缝纫机。有了缝纫机，情况发生了变化。有些投资者办起了服装厂，招收女工生产服装，包括童装和时装，或制造花边。缝纫机生产多了，价格下跌，有些家庭也可以购置缝纫机，家庭妇女可以在家里为服装厂工作，进行服装等产品的加工，按件取得报酬。这样一来，农民进城后全家收入增加了，他们和家里人也就安心地生活在城镇之中。在西方最早开始走上工业化道路的国家，农村外出务工的第一代、第二代农民，在城镇中的生活是十分艰苦的，住棚户区、工资水平低、孩子受教育机会少，生病也无法及时就医。但随着工会运动的兴起和工会为工人（包括农村来的务工者）的利益而力争，再加上社会对工人阶级状况的关注，工人的生活逐渐改善。加之，农村人口减少后，农业人均收入也提高了。渐渐地，农村不再像工业化前期那样有那么多劳动力供应城市。农民外出的主要出路是美国、加拿大，或者是西方列强所控制的亚非国家。而填补西方工业国家的劳动力，则改为靠东欧、亚洲、非洲、拉丁美洲的移民。这种情况从19世纪后期就开始了，并延续了很长时间。

上述有关西欧国家工业化前期的状况，对于正确理解当代西方经济学的思想具有重要的参考价值。

三、学习经济史，明白我们为什么选择马克思主义经济学

下面，让我们对中国经济史的研究做一些讨论。中国经济史研究的热点问题很多，这里举一个问题进行探讨，中国的封建社会为什么延续了这么长久?

从经济史的角度来看，一种社会制度是可以分为不同的体制的。西欧的封建社会是一种典型的模式、一种传统体制。那里实行的是农奴制度，社会上大体分为两大阶级、两大阵营。贵族是

统治阶级，以血统高贵为标志，世代相传。农奴是被统治阶级，是贱民，没有人身自由，世世代代为农奴。庄园是贵族领主的采邑，基本上是自给的，农奴服劳役，耕种土地，上交地租给贵族领主。

但由于商业和手工业的发展，在西欧封建制度下逐渐形成中世纪城市。城市力量逐渐壮大，终于形成同贵族领主对抗的格局。城市最后击败了贵族领主，赢得了自治权。城市居民也逐渐分化，富裕的商人和作坊主成为资产者，贫穷的小手工业者和受雇的帮工和学徒成为无产者。城市和乡村（庄园）之间又经历了长期斗争，最终，王权兴起了，城市投靠了王权，王权和城市的联合击败了割据一方的贵族，形成了新的民族国家，西欧民族国家由封建社会过渡到资本主义社会。

中国的历史与西欧有很大差异。至少从东汉以后，历经魏晋南北朝，直到隋朝和唐朝前期，中国的封建社会可以称为传统体制，因为在这一时期，社会上重血缘、重门第、重出身，豪门及其子弟掌权，庶民都被排斥于高官行列之外。虽然从隋朝起开始实行科举制度，但改变不了大姓、豪门、权贵的势力。安史之乱（755—763）是中国历史上的一个转折点。安史之乱后，历经中晚唐五代，大约二百年，是中国封建社会体制发生转变的过渡期。华北和中原一带的大户名门先后遭叛军的洗劫，后来又因各地藩镇自立政权，他们为充实府第，向驻地富人豪族索钱索粮，大户人家纷纷逃难，不再成为能控制地方政局的势力。到公元960年，终于建立了宋朝。中国封建社会从宋朝起，开始从过去的传统体制逐渐转变为新的体制，也可以称为“改良的封建体制”。

从宋朝起，科举制度走向规范化，科举成为进入仕途的通道。只要用功读书，即使家世贫寒，也有做官的机会。同时，从宋朝起，土地可以买卖，商人可以买田，成为地主，而不像过去那样只有贵族和官员才能成为地主。

重科举而轻门第，土地可以自由买卖，这是宋朝以后中国封建社会由传统体制过渡到改良体制的两大标志。然而，皇权可以更替，科举制度则延续下来；土地可以买卖，官僚家庭的败家子可以把祖上留下的田产卖光，但这并不影响皇庄依然是皇庄。不管怎样，这种改良的封建体制从宋朝起又延续了大约一千年之久。

转变为改良的封建体制后，中国没有像西欧国家那样涌现出旨在建立资本主义制度的体制外异己力量（市民），中国出现的只不过是封建制度内的异己力量，如起义的农民军领袖、割据一方的军阀和皇室内部的夺位之战。在这些封建制度内的异己力量中，有些暂时得胜，甚至建立了新皇朝，但依旧是封建王朝。这就是中国封建社会为什么延续这样长久的主要原因。

把这个问题弄清楚了，我们就有可能了解中国为什么很难像西欧国家或美国那样发生资产阶级革命。一是中国封建社会的城市与西欧中世纪城市不同，中国封建社会的城市一直是皇权牢牢控制的政治中心，而不像西欧中世纪城市那样成为自治城市，成为资产者、作坊主和帮工们的据点。正是他们最终投靠王权，打垮了割据一方的贵族领主，从而使国家走上资本主义道路。二是中国即使在康乾盛世，在有机会从西方国家引进科学技术和资产阶级政治思想时，仍始终是唯我独尊，盲目自大。鸦片战争之后，中国又受到西方列强的压迫，割地赔款，丧权辱国，于是逐渐沦于半殖民地的地位。

资产阶级民主政治体制在中国是行不通的。清朝末期，中国的有志者一直在寻找出路，寻找可以拯救国家和民族的理论，但都没有成功。十月革命一声炮响给中国送来了马克思主义，为中国革命指明了方向。中国共产党带领人民经过长期艰苦奋斗，中华人民共和国终于诞生，这是历史的必然。

四、学习经济学说史，知晓西方经济学的局限性所在

让我们再转到经济学说史的方向来说明经济研究者懂得经济学说史的意义。

经济学大体上分为三大部分，一是宏观经济学部分，二是微观经济学部分，三是制度经济学部分。宏观经济学和微观经济学都采取数量分析方法，考察经济中有关变量之间的关系。二者的区别在于：宏观经济学以整个国民经济活动作为研究对象，采取总量分析方法；微观经济学以个别经济单位（企业、家庭、个人）和个别市场的经济活动作为研究对象，采取个量分析方法。除宏观经济学和微观经济学外，还存在采取非数量分析方法，以所谓“质”的问题作为对象的制度经济学，它强调制度、伦理、

文化因素在经济生活中的作用，分析经济活动过程中的权力分配和利益集团的冲突，探讨经济行为的评价标准和选择原则等。但制度经济学在西方经济学说中一直处于非主流的地位。

西方经济学说虽然可以上溯到重商主义和官房经济学派，但无论是重商主义还是官房经济学派在经济学方面并没有提出系统的理论，它们主要是考察16、17世纪前后西方国家的国际贸易政策、财政政策和财富积累的方法，对以后的市场经济发展很少涉及。

经济学说史界的专家们一般都认为近现代经济学的形成是同工业化的启动连接在一起的，古典政治经济学的大师亚当·斯密无疑是古典学派的奠基人。这时的经济学还没有宏观经济学、微观经济学或制度经济学之分，亚当·斯密对这三个领域都有研究。他的追随者同他一样，既研究微观经济活动，也研究宏观经济活动，还研究制度、伦理、文化方面的问题。

古典政治经济学提出了劳动价值论、分工理论、市场理论等等。亚当·斯密和他的追随者们是均衡论者。他们从工业化开始以后的实践中懂得，绝对均衡是做不到的，而且难以保持下去，只能做到相对均衡，关键是要发挥市场的调节作用，供给和需求是相互依存、相互依赖的。因此，根据他们的理论，政府的任务主要是制定规则，维护市场秩序，清除经济增长中的障碍。他们还认为，对落后企业的淘汰不可避免，但谁来淘汰落后企业？不是政府，而是市场。

李嘉图是古典学派最后一位有影响的领军人物，劳动价值论仍是他所坚持的。但从19世纪中期以后，西方经济学中舍弃了劳动价值论，代之以形形色色的价值理论，包括生产要素共同创造“价值”的说法，或者用“价格”代替“价值”。到了19世纪与20世纪相交的年份，以马歇尔为代表的新古典学派成立了。新古典学派除了摒弃了劳动价值论以外，仍坚持市场调节，反对政府对经济的干预。凯恩斯这时也是新古典学派的一员，他当时发表的著作都是同新古典学派一致的。

新古典学派的经济学说一直在西方经济学界居于主流地位。1929年美国爆发了空前严重的经济危机，失业浪潮也从美国传递到西欧和世界上许多国家，新古典学派提不出任何有效的政策。凯恩斯这时依旧保持新古典学派的观点，但他自1933年以后开始变化。1936年他的代表作《就业、利息和货币通论》出版了，这本著作表明凯恩斯已从新古典学派的相对均衡理论家转为他自己的非均衡理论的鼓吹者。凯恩斯从需求角度着手分析，认为在资本主义条件下，需求不足难以避免，所以必须有政府的宏观经济调控，即利用财政政策和货币政策来维持社会经济的稳定。也就是说，在需求不足时，失业率高，这时可以采取刺激需求的宽松的财政或货币政策；在需求过大时，物价上涨，这时可以采取抑制需求的紧缩的财政或货币政策。第二次世界大战结束后，西方经济学中凯恩斯的非均衡理论成为主流经济学说，被许多国家所采纳。

凯恩斯经济学是以需求调节作为稳定经济的手段的。他认为，这是适应近期的政策。凯恩斯把供给研究视为中期理论，不包括在近期理论之内，所以他不考虑经济增长和结构问题。经济增长和结构调整都留给他的追随者继续研究。

凯恩斯需求调节政策的推行虽然能取得一定效果，但却给资本主义带来不少新的矛盾和难题，于是从20世纪50年代后期起，兴起了以美国芝加哥大学为中心的货币学派，弗里德曼和他的一批学生成为货币学派的主要代表人物。货币学派遵循西方经济自由主义传统，认为充分发挥市场调节作用，就可以使资本主义经济稳定。理由是：只要长时期内保持货币的中性，就可以通过货币数量的增减，既维持经济增长，又避免通货膨胀。关于失业问题，货币学派认为：经济中存在着自然失业率，失业率和通货膨胀率之间不存在此消彼长的关系，所以凯恩斯的需求调节主张是无根据的，也是无效的。

凯恩斯同货币学派之间的争论最近几十年内一直未停止过，只是有时激烈，有时和缓而已。

五、对古典经济学“理性人”假说的反思

接着，让我们对西方古典经济学提出的“理性人”假说进行如下的反思。

从18世纪70年代起，以亚当·斯密为代表的西方古典经济学家都认为，在经济活动中每一个人都是“经济人”，也就是“理性人”，都追求最低成本和最大收益。他们认为，市场是“看不见的手”，暗中引导人们各得其所，结果使每一个交易者在市场

秩序的安排下，既能增加个人利益，又能增加公共利益。这就是流传至今的“斯密教条”。因此，在西方经济学界，不少人始终维护“理性人假设”，认为这样就能使经济繁荣、社会稳定。

市场竞争中不可避免地会发生矛盾，甚至发生冲突。但古典经济学以及后来的新古典经济学都把冲突当作例外，是短期现象，因为交易者谁都不希望市场秩序被破坏，否则谁都没有好处。这样的想法被认为是“理性人”遵守的原则，没有人愿意违背它。

然而，随着工业化的推进和市场不断扩大，企业与企业之间的矛盾会越来越多，企业和劳工之间的冲突也会越来越频繁，市场的不和谐出现了，而且经济的忽冷忽热成为惯例，“理性人”假说就失灵了。这种情况导致了市场的失灵，使交易者陷入困惑之中。

于是从20世纪50年代起，不少交易者转而倾向于“次优选择”。“次优选择”是指：既然最优是不现实的，不如退而求其次，交易者们相继不再继续坚持“最低成本”“最大利润”的理念，而倾向于“次优选择”。“经济人”或“理性人”假设让位于“社会人”或“现实人”的假设，“次优选择”成为一种自保措施。

在消费领域内，信息越来越多，谁能掌握如此数量的信息？时间不允许，财力也不允许，从而对“较小遗憾”的追求替代了对“最大满足”的追求。

在投资领域内更是如此。投资领域内，谁能掌握那么多信息？谁能在搜集到全部信息后再做出决策？不确定性太多了。投资者不应当停留在“理性人”的框架内，而必然会倾向于成为一个“现实人”。这就是：在同市场竞争对手较量时，要留有余地，不要搞得太紧张。“理性人”的观念可能起源于18至19世纪，至多可以延长到20世纪前半期。“现实人”的观念从20世纪后半期起就已渐渐处于上风，21世纪肯定是“现实人”的世界而不是“理性人”的世界。

由此可以肯定地说，无论是在消费领域内还是在投资领域内，“理性人”让位于“现实人”是必然的，而且这越来越被事实所证明。

那么，“现实人”最关心的是什么？不是“理性人”所坚持的“独赢”，而是同“次优选择”并存的“众赢”“共赢”。

具体地说，“现实人”的信条就是和解：与其同对手硬拼到底，不如各自后退一步。硬拼的结果可能是两败俱伤，是“双输”。而和解的结果，是合作，是双赢。和解的结果可能是多样化的：既可能是零和博弈，也可能是非零和博弈，一切因事而异，因地而异，因大形势而异。换言之，和解是斗争双方都能接受的结果。

由“现实人”（而不是古典学派所推崇的“经济人”或“理性人”）坚持的和解，主要有以下四种做法：

第一种做法：在发生市场纠纷或矛盾时，强势的一方给弱势的一方保留一个生存、生产经营、活动的领域，彼此相互信任，共同遵守谈判的成果。

第二种做法：强势一方把弱势一方作为合作伙伴，帮助后者改进技术和融资，帮助后者培训技工和管理人员，以便生产新产品。这样，弱势一方不仅能生存下去，而且视强势一方为合伙者，它们之间的市场纠纷也就消失了。

第三种做法：强势一方扩展为一个集团公司，帮助弱势一方成为集团公司的成员。这样，弱势一方不仅能生存下来，继续发展，如果再出现纠纷，还可以在集团公司内部协商解决。

第四种做法：如果双方势均力敌，那么可以通过协商，订立协定，划清业务边界，彼此和平共处，互不违约，直到形势变化。

综上所述，双赢的核心是双方作为“现实人”，都接受和解，双方都能满意，从而都有前景。

这表明，市场竞争中的纠纷和矛盾，是可以化解的。“经济人”或“理性人”越来越让步于“社会人”或“现实人”，这就是市场的趋势。

六、经济学是一门历史的科学

对我们来说，学习西方经济学近三百年来的演变历史，不仅有利于我们能较深入地了解西方经济学说是怎样一步步变化的，而且还有利于我们加深对于建设社会主义经济学说体系的认识。中国特色的社会主义政治经济学必须建立于中国的社会主义建设实践的基础上，同时也需要了解西方国家以及发展中国家经济发展的概况，以及这些国家所遇到的和力求解释的新课题。马克思当初写作《资本论》时，阅读了多少种包括重商主义、官房学派、古典政治经济学和庸俗经济学家的著作，从而不仅坚持了古典学派的劳动价值论，并予以更加清晰的解释，而且还创造了剩余价值论。马克思在创造剩余价值论的过程中还写下了《剩余价值学说史》这样一部著作。可见，对经济学说史的评介是马克思主义经济学的重要参考资料。

马克思主义经济学产生于实践，由实践赋予活力和新的内容，并由实践来检验。换言之，中国是社会主义国家，中国社会主义革命和建设实践中出现的新情况、新问题、新政策，都要求有新的解释和新的论述，这要求我们把马克思主义经济学推向前进。这是历史赋予我们的不可推卸的责任。

一个明显的例证是中国人民在农村所进行的家庭联产承包制试验，以及在此基础上推进的土地确权、土地流转、新型合作制、家庭农场制和农业产业化、农业现代化的试验。中国在土地集体所有的基础上进行的一系列改革，使农村面貌一新。这就是马克思经济学说的发展，也是中国为发展中国家农业发展道路提供的经验，难道不值得继续探讨吗？

另一个明显的例证是中国发展方式的转变。长期以来，中国实行的是传统发展方式，即数量型和速度型的发展方式，追求的是高速增长，甚至超高速增长，并认为这就是中国国情。其实，这是不利于中国的发展的：效率低下、资源过度消耗、环境生态破坏、结构失调、某些行业产能过剩，而短板行业则一直未能补上。为此，我们必须深入认识中国的国情，认识供给侧结构性改革的迫切性，着手从数量型和速度型的发展方式转变为效益型和质量型的发展方式，将高速增长转变为中高速增长，实行结构调整，创新驱动，补齐短板，调动企业作为经济主体的动力和活力。要知道，发展方式的转变是重中之重，这就是马克思主义经济学的发展、中国特色社会主义经济学的发展。

第三个明显的例证是中国正在悄悄地进行着一场人力资本革命。这是发生在我们身边的大事，我们必须清醒地看到这些变化。人力资本革命大体上在三个领域内有较突出的表现：一是外出农民工中有不少人回乡创业。他们已外出务工多年，结识了一些朋友，学会了某些技艺，积累了一定的资金，懂得了市场运作，于是纷纷返回家乡。这样，既与亲人团聚，又可以投身于养殖业、种植业或手工业，或者办起了小微企业，并通过职教方式充实自己的知识，提高自己的技艺。二是不少年轻人，包括大学生、研究生、年轻教师和研究人员等，都投身于创意、创新、创业的大潮中，他们正在不断学习，不断参加新产品或产品新功能的研究，同时，还有一些民营企业家在关心这些年轻人的创意、创新，支持他们的研究成果，使自己受益。三是一些大学毕业生，自愿到农村去，同家庭农场主、合作组织的领导人订合同，参加农业技术推广、普及工作，并为农业产业化、农业现代化做贡献。有人说，中国的人口红利已经耗尽了，中国的改革红利已经枯竭了。这些人实际上不了解中国。事实表明，中国特色的社会主义经济正在不停地发展，并为新的人口红利、新的改革红利的登场创造条件。

我以为，历史是需要不断总结的，社会主义经济学不会止步于今天。社会主义经济学的研究者牢记着“经济学是历史的科学”，一定会让社会主义经济学继续发展壮大。

（原载《光明日报》2017年6月13日）

地方经济发展需要注意的几个问题

第一个问题：地方应该了解自己的优势和困难所在

（一）地方经济发展时，一定要懂得和利用以下四个优势

1. 广大城市和乡村联系密切的优势。广大的农村是地方经济将来发展的重要依托和优势；

2. 土地资源优势。地方处在开发过程之中，土地资源是最大资源优势，要利用好土地资源，这样就能够更好地发展自己的制造业、采掘业及其他产业；

3. 土地增值的优势，也就是土地的商业利用和开发的优势。要用好土地的财富，主要是做好建设用地的规划，预留将来的高新技术区，还有其他的工业园区，使土地增值，确保土地价值越

来越高；

4. 后发优势。这对城市、对企业、对农村都很重要。要吸取其他地方的经验教训，当条件适宜时，可以总结别人的经验，使自己发展得更好。

（二）地方经济发展面临的两个突出困难

1. 缺少金融的支持。地方发展迫切需要资金搞建设，如果没有金融的支持，自身的发展存在很大困难。目前，这个问题正在逐步解决。除了大银行以外，各地正在大力发展中小银行，鼓励社会资本投入银行。同时，银行业也在寻找项目。地方要根据自己的实际，做好规划，有规划就会有项目，有项目就会有银行贷款。

要对农村贷款有正确的认识。从全国政协对浙江、山东等地的调查情况来看，农村贷款的坏账率实际上是很低的。主要有两个方面的原因，第一个方面，是农民用房产、土地进行抵押贷款后，自身高度重视，因为那是自己的全部资产，如果用它们进行了抵押贷款，农户是不愿意轻易放弃的。全家都在努力工作、经营，希望早日还清，避免被收走房产、土地等抵押物。另一方面，当面临困难时，整个家族会形成共同保障的合力，共同抵御风险。所以实际上坏账率是很低的。

2. 缺少人才的支撑。多年来，人才资源、教育资源，特别是高等教育资源主要集中在大城市，培养出来的人才也大多集中在大城市，导致广大农村、地方严重缺乏人才。因此，作为主政一方的领导干部，要密切注意三个方面：一是怎样为留在本地的毕业生创造良好条件，把人才留在本地；二是怎样建立适合本地发展的高等学校，包括高等技术学校、高等师范院校。例如，贵州的毕节地区通过探索、改革，将原毕节学院更名为贵州工程技术学院，专门培养工程技术人才，解决了本地急需技师、熟练技工的需求。另外，还把培养师范生的任务独立出来。建立了毕节师范学院。双管齐下，既为当地发展培养了技术人才，又满足了培养本地和邻近地区师资需要。三是怎么加强对本地历史文化的研究，要支持建立研究本地历史文化的机构，将自身的历史、发展沿革、地域特色研究透彻，从而繁荣文化、教育、旅游等产业发展。

第二个问题：要把握好第三种调节方式

以前，大家都认为有两种调节：一是市场调节，市场是靠无形的手进行调节的；二是政府调节，政府调节依靠有形的手，包括运用法律、法规、政策、规章、制度等进行调节。这是两种并存的调节方式。那么，有没有第三种调节？回答是肯定的。

市场的出现，不过是几千年的历史，在出现商品互市的时候，才有市场。政府的调节较晚。在中国，从最早的夏王朝算起，也不过四千多年。那么，在市场和政府出现之前，并延续至今的，还有另外一种调节方式，那就是道德力量的调节。

举例来说明一下第三种调节方式。以前的部落规章，后来的乡规民约，那是有形的调节、制约；多年来形成的习惯、道德规范，自律、文化、社会舆论，等等，而最普遍的则是人们的自律，这些都是无形的制约。所以说，这第三种调节方式，就是道德调节，它介于有形与无形之间。除了市场无形的手、政府有形的手以外，还有道德调节这个已存在很多年的调节方式，共同对社会经济发展进行调节。

通过道德力量进行调节，我们在调研中也有发现。例如湖南的通道侗族自治县有很多具体表现。多年来，该县保留着两种习惯，一是在风雨桥的亭子里放木炭，大家都是主动捐赠，富有的多放点，家贫的少放点，为过往的客人取暖，提供方便。二是如果哪一家来客人，邻居知道后就会送菜，富有的送点肉、鱼；条件差些的，送点自家种的菜，用来帮助招待客人。这些都是道德调节在民间生活中的表现方式。

经济学是研究效率的，地方发展是需要效率的。效率有两个基础，一是物质技术基础，二是道德基础。厂房、机器、技术，等等，这是产生常规效率的基础，仅有这些，也只能产生常规效率。超常规效率从哪里来呢？它来自效率的道德基础。只有充分发挥道德基础的作用，才能产生超常规效率。举例来说：一是在面对外来侵略时，如在抗日战争的常德保卫战中，面对日军强大的军事攻击，中国军民不怕牺牲、顽强抗敌，爆发出强大的战斗力，最终抵抗住了日军侵略的步伐，使日军不可能进入湘西。这种力量只能来自道德力量。二是在面对特大自然灾害时，如2008年的汶川地震中，广大民众不畏艰难困苦、克服重重困难，自发地捐款、捐物，甚至前去救援的行为，只能来自道德力量。三是移民社会，如湖南炎陵的客家人为什么保持了较好的考风，那是因为他们有组织、有文化，保持了较好的道德约束，建立了道德基础；现在的深圳，为什么会发展效率高于其他城市，也和它是一个移民城市有关，移民社会形成了较好的道德基础。

所以说，作为地方的管理者，一定要清楚认识，超常规效率只能来自道德力量、道德基础，这一点非常重要。

让我们进一步研究，怎样发挥道德的力量？人们都在谈同甘共苦。其实，同甘和共苦是两回事："同甘"靠制度，"共苦"靠精神。就拿一个企业来说，当它处于兴旺的时期，发奖励、发福利，用制度来保证"同甘"。"共苦"就不一样，不能靠制度来保证，当一个企业连续两年亏损，连工资都发不出，要靠制度、合同来留住人，是不可能的。这就得靠精神来实现"共苦"，形成凝聚力、有一种共命运感，这才能留得住人，留住心。因此，要靠道德力量来实现"共苦"。

第三个问题：地方经济管理者要懂得消费经济学

首先，要清楚，消费市场既是稳定的，又是不稳定的。过去认为，消费市场一般是稳定的，也就是不变的。即使变化，也是很慢很慢的。在经济学里，有一个恩格尔系数，人们购买食物的消费在所有消费中所占的比重。它是稳定的，改变很慢：人有钱了，恩格尔系数会缓慢下降。吃在消费中的比重，才会慢慢变小。现在就不是这样了，不能用过去的眼光来分析当前的消费。比如，旅游现在是很重的消费，在以前就没有或很少有这种消费。人的消费是随着欲望的更替而不断变化的。现在已不满足于吃饱穿暖，所以旅游消费支出就会增多，消费向追求更高品质生活发展是大趋势。

消费变化的理由有哪些呢？第一个理由，就是受别人的影响而变化，比如邻居出去游玩，你也会产生想出去旅游的想法；第二个理由，就是消费目的的变化，现在旅游，很大一部分是带孩子出去，目的是为了增长孩子的知识、增加他们的阅历；第三个理由，消费由谁来决策，新的消费是可以创造的，新的消费需求并不是由消费者创造和决定，而是商家把广告做在前面，先有供给，再有消费，引导消费者来消费。

另外，有两种消费的性质是不同的。一种是炫耀性消费。吃，是百分之百为自己；穿，是百分之八十为别人。突出表现在时装方面，什么式样流行，就穿什么；这也表现在盖房子上，农民出去打工，赚点钱回来后盖大房子，别人盖什么，我就怎样盖，还要盖得更好，楼越盖越高、越盖越好。炫耀性消费不能完全否定，因为人们有这个心理需求，只要正确引导好，也能促进地方经济发展。另外一种就是陋习性消费。我们在各地考察时，发现有一种消费叫“送份子钱”，越来越厉害，形成了攀比，使有些家庭不堪重负。当地政府曾经想通过社区规定送礼限额，但也还行不通或被人们逃避，以至于一些外出打工者甚至连春节都不敢回乡。消费的陋习怎么改？主要靠道德的力量来改，通过社区、乡村、区县来共同治理、推动，出台措施来解决。

消费本身是带动生产的。在经济学中，有两个名词，一个叫“消费者主权”，一个叫“生产者主权”。消费者主权代表的社会现象是，消费者自己做主，喜欢什么，就消费什么。但要看到，现在也在向生产者主权转变。谁在操纵消费？生产者、广告商，做广告在前。小汽车为什么年年在换型号呢？就是在告诉你，你的车旧了，两三年就得换了。

还要看到，现在有三种消费类型。第一种是传统家庭型，以家庭为中心，进行一些传统的消费；第二种是个人享乐型，结婚以后甚至连孩子都不要，只是让自己舒适、享受；第三种就是补课式消费，年轻的时候，或者以前没怎么消费，现在年纪大了，有钱了，把以前没享受过的，没消费过的，补课式地快速进行消费。所有的这些，都说明人们的消费行为正在变化。地方要发展旅游，就要先做好准备性工作，要配套建设好公路、酒店、景区景点包括文化，等等，以满足各种类型的需要。

要把这些做好，重在经营。地方最缺人才，尤其是大量缺少经营人才。要弄清经营与管理的关系，这是两回事：经营的前提是以资本的升值为目的，管理是在资本既定的前提下，提高效益。我们要更多地培养、引进经营性人才，才能更好地促进地方经济发展。

第四个问题：城乡收入差距的缩小

城乡收入差距的缩小是个大问题。我们做地方经济的，要认真分析。为什么城乡居民收入差距仍在扩大？要缩小收入差距为什么这么难？我们要从物质资本、人力资本、社会资本这三种资本概念来分析原因。关键在于，城乡居民拥有三种资本的程度不同。

1. 物质资本。主要指财产、有形的资产。比如说，城市居民的房屋。不管是祖传的还是购买的商品房，都有产权，可以抵押贷款，获得银行资金支持，而农村居民虽然有房屋、有土地，却一直没有产权，无法抵押，从而也无法从银行获得贷款。城乡居民开店也好、创业也好，最初的资金对农民来说是没有来源的，他们的物质资本远远少于城市居民。因此，城乡居民收入差距越来越大。解决的主要方法是，通过“三权”分设，对农村土地、宅基地确权，农民就可以实现产权，可以向银行贷款，取得资金的支持。

2. 人力资本。城市教育资源相对丰富，农村教育资源匮乏，也可以说是相当落后，各种基础条件都不能得到保障，导致城乡教育水平差距越来越大。在经济学中，有一个名词，叫作二元劳工市场，即高等劳工市场、低等劳工市场。这两种市场有四个明显的区别，高等劳工市场工资高、福利好、有培训深造机会、有被提拔的机会；而低等劳工市场工资低、福利差甚至没有，没有培训、学习的机会，没有被提拔的机会。农村人力资本长期处在低等劳工市场，所以必须通过改革来解决。解决的主要方法是：大力改善农村学校的教育，普及高中，大力发展职业技术教育，提升劳动力水平；同时，还要高度关注农村男青年的单身问题。

3. 社会资本。这是指人际关系资本，是无形资本，是经济学意义上的社会资本，而不是指狭义的社会资本，也就是我们所说的民间资本。很多年以前，广东、福建一带的人们下南洋，只要你肯干、讲诚信，碰到同乡、同学，都会给予你帮助，从而获得更多社会资本，有利于创业成功。另外，要讲诚信，培养诚信意识。西方有句谚语说得好："他骗了所有的人，最后才发现他被所有的人骗了。"也就是说，城市里的人际关系更广阔，人脉资源更丰厚，能获得大量信息和发展中的指导与经验，只要一个人讲诚信，又勤劳，就更容易获得成功。但农村交流的圈子小，圈子里的人也大都生活在山村，见识也很窄，能提供的帮助非常有限。解决的方法，就是要鼓励"诚信为本"，加大培育诚信，鼓励相互帮助，拓展信息来源，构建更和谐的人际关系。

第五个问题：作为创业者，观念一定要转变

很多观念，是要因时而异，因大形势而变化的，当时有当时的情况，现在有现在的情况，要根据当时的形势来分析。因此，观念转变很重要。今天我所讲的这些问题，实际上都同转变观念有关。这里，我们可以通过龟兔赛跑的故事，得出以下经验：

1. 处在劣势时，不要气馁，要坚持下去，等待对手犯错误；

2. 不要只津津乐道自己的潜在优势，而应当把现实的优势发挥出来，重在从潜在优势向现实优势的转化；

3. 在必要的时候，及时改变策略、思路；

4. 合作、互助、双赢必须建立在双方相互信任的基础上。

广东有句口头禅，说得很好："小富靠勤奋、中富靠机遇、大富靠智慧。"大家可以仔细体会。

这里，还要特别注重一点，要讲诚信，不能靠耍坏、奸猾来骗取成功。

再说一个关于孔子弟子的故事。

春秋时期的鲁国，颁布了一项法令，意思是指：凡是鲁国人，到国外去办事、经商，如果看到有鲁国人在那里沦为奴隶，可以垫钱把奴隶赎回来，回国后到政府去报销。孔子有个弟子叫子贡。子贡在晋国赎奴而未到政府去报账，传出来后，别人都夸子贡人格高尚。但孔子却认为，这样不值得夸耀和宣扬，反而会导致其他的鲁国人不再赎奴，因为花钱赎了又不敢去报账，担心别人批评自己的人格不高尚，又不想自己花钱。因此，遇到鲁国人沦为奴隶，就会视而不见、绕道而行。孔子批评了子贡的做法，认为这会妨碍更多的奴隶被赎。

孔子另一个弟子子路，有一天遇见有人溺水，他下水将人救起来，被救者家族为了感谢他，送来一头耕牛，子路收下了。有人批评子路不应该收礼。孔子却肯定了子路的做法，认为这有利于形成好的示范，可以鼓励更多的人下水救人，可以使更多溺水者被救。

所以，大家一定要弄清，谁是最大的受益者。只有这样，才能形成好的氛围，发挥政策激励效应。

再讲一个故事，某个公司的董事长，很勤奋，天天在公司查岗，对公司的纪律管得很严。有一天，在仓库边发现有四个人在打牌，立刻要财务部门给这四个人发一笔钱，并宣布开除。后来才发现，这四个人根本不是公司的员工，是送货的，于是白白损失了一笔钱。所以，弄清情况很重要，光表面上勤奋，那没用，必须要实事求是，要先把事情弄清楚后再决策；不弄清事实，只会造成决策错误，造成损失。

另一个故事讲，有个动物园里的笼里关了一群袋鼠。有天，管理员检查发现少了一只袋鼠，他认为这是由于围栏不够高，袋鼠跳出去跑了，他赶快把围栏加高。第二天，再看，又跑了一只。他还是认为，围栏不够高，再加高围栏。第三天，又跑了一只。管理员还是认为，是围栏不够高，准备再加围栏。这时，园子的袋鼠笑了：不把下面的门插好，光加高围栏有什么用。所以说，很多问题，找准原因，弄清事实、对症下药很重要。

管理学实际上是在不断地总结经验。过去讲，失败是成功之母，对不对？对，但不全面。关键在于思路，要改变思路。思路不改，你做一百次，还是失败。改变后的思路正确，那么，你就成功了。所以，我们说，成功是成功之母，不断总结经验，转变思路。这样，我们对管理学的认识就提高了。在管理学当中，还有很多问题需要我们去研究。

让我们的视野再扩大一些。今天的中国，实际上，人才依然不够。为什么不够呢？第一个，刚大学毕业的，他们没有经验。如果是已经学成的，他们必须根据现有的情况，来充实自己的知识。还有，现在的年轻人，他们都有一个创业的想法，但是，有些条件还没有创造好，要创新，不是光有热情就行的，而是在实践中不断地开动脑筋，不断创新和改变。今天，在中国已经出现了一些新的现象，很多年轻人在不停地聚会，在共同讨论最新的科技消息，思想碰撞，正在酝酿着一次更大的人力资源的革命，所以前景是美好的。

（2017年6月17日为张家界市领导干部所做专题报告）

国有企业转型中的几个问题

一、国有企业管理体制，从“管资产”转为“管资本”是一次重大的改革，有深远意义，即以提高资本配置效率为主，使资本盘活、增值。

改革以后，国有企业的资本运营实际上是三个层次：国资委监管——资本投资运营公司作为出资人——国有投资控股企业经营国有资本。三个层次责任明确，各司其职，各负责任。但上述三个层次仍然不是最理想模式。国资委层次能否同资本投资运营公司合而为一，既负责监管，又起着出资人的作用，这样可以提高资本配置效率。

二、怎样在国有控股企业中建立有效的法人治理结构，历来被认为是难题。

难题之一是：董事长和总经理如何协调，如何建立规范的经理层授权制度，使企业效率提高？难题之二是：党委任命董事会、总经理和其他高管，如何规范化，既符合党管干部的原则，又发挥法人治理结构的作用？坚持党管干部原则和发挥法人治理结构应有的作用，二者是可以统一的，关键在于规范化。董事长主持董事会，聘任总经理，并授权经营本企业，实行任期制，可以续聘，也可以停聘。党委在这一过程中正常发挥“党管干部”作用。

三、国有企业高管向职业经理人转变。

国有企业转型过程中，职业经理人从哪里来，这是一个普遍性的问题，因为中国与西方国家特别是西方发达国家不同，那里有职业经理人介绍所，有所谓的“猎头公司”，还有各种各样企业高管的协会组织。它们熟悉特定行业的高管供求状况，能代表招聘方同应聘方协商，并商量待聘高管的薪酬条件。待聘的企业高管一般都是某一行业的头面人物，他们一般不会自己到处递求职信和履历表，更不会自己提出薪酬标准。这一切都由上述介绍所、“猎头公司”、相应的协会代劳。然而当前的中国还没有类似的介绍机构和代客谈判的职业介绍者。一种可以试行的办法是建立企业高管信息网，通过信息网传递有关信息。等招聘方和待聘方认为可以进一步洽谈时，就能面对面协商了。关键在于，网上信息必须真实可靠。

四、国有企业在体制转型过程中，可以分为两类企业。

一类是特殊行业的企业，另一类是一般行业的企业。特殊行业的企业可以暂缓，一般行业的企业可以先改先试行。要大胆改制，吸引民间资本进入，以建立混合所有制的股份制企业为目标。国有企业中可以试行改革改制为混合所有制企业的，应当有改制细则作为依据。如果股权分散，由国有企业控股的混合所有制企业不一定要死守51%这条控股线，控股40%或30%甚至更低一些，也是可行的。只有这样看待国有股的控制权，才能使国有股继续对转型后的企业股份行使有效的控股。当然，改制为混合所有制企业后，并非任何一家企业都需要国有投资方控股，有些混合所有制企业不一定要国有股控制。一切以行业性质和国有企业原来的经营状况而定。

五、关于PPP模式，需要在这里进行较深入的分析。

PPP模式通常用于公益性或准公益性投资建设，如用于城市公用设施建设、公共交通建设、城市一般居民的房屋建设、公共医院建设等。国际上常把PPP分为两个阶段。第一阶段指建设阶段。建设完毕后即转入第二阶段，即按照法律法规改制为股份制企业，股权明确，自主经营。项目转入股份制企业后，政府资本可增可减，也可以不变，而企业或民间资本则依据企业经营状况和前景，很可能会投入新资本，使这些公益性企业越办越好。

然而根据中国国内的实际情况，PPP模式中投入资本的企业通常以国有企业为主。民间投资者会有所顾虑，认为盈利好的、投资数额大的，主要是国有企业或国有股控制企业，于是民间投资者就担心自己投资PPP项目后被排挤在外，因此积极性不高。针对这种情况，今后在推行PPP模式时，一定要解除民间投资者的顾虑，实现公平竞争，才能使PPP模式发挥更大的作用。

（2017年6月27日在全国政协第十二届常委会第二十二次会议上的发言）

市场竞争、次优选择和双赢结果

一、“斯密教条”

从18世纪70年代起，以亚当·斯密为代表的古典经济学都认为在经济中每一个人都是经济人，都追求最低成本和最大收益。

他们认为，市场是“看不见的手”，暗中引导人们各得其所，结果使每一个交易者既增加个人利益，又增加公共利益。这就是“斯密教条”。

新古典经济学产生于19世纪末和20世纪初，它仍然坚信“斯密教条”，认为“和则两利”“斗则俱伤”。

因此，在经济学研究中，西方主流经济学家，始终维护“经济人假设”，认为这是使经济发展和社会稳定的原则。

二、古典经济学和新古典经济学认为市场冲突是一种例外

市场竞争中不可避免地会有冲突，但古典经济学和新古典经济学都把市场竞争中的冲突当成是一种例外，并未重视。这主要出下四种考虑：

第一种考虑：市场是重秩序的，在市场维持正常秩序时，交易者都会有正常的预期，谁都不希望市场预期紊乱，因此全都希望市场秩序正常化。市场冲突的出现通常被认为是短期的、例外的现象。

第二种考虑：假定技术进步了，市场会出现新能源、新原材料、新工艺、新设备、新产品或产品经改进后出现新功能、新用途等情况，新企业和老企业之间会有冲突。但这也是例外的、暂时的现象。

第三种考虑：政府政策的调整和改变，同样是难免的。在这种情况下，一般会被企业界认可，因为企业界斗不过政府。但也有可能出现下述两种例外：一是企业与政府发生冲突，二是利益受损的企业对政府不满。

第四种考虑：国家之间发生战争，或外交冲突。这同样是例外。如果发生战争，通常仍有和谈的余地，但也有强势一方（或自以为强势一方）硬要把战争打下去，或弱势一方为了主权而奋战到底的情况。这一切不一定同市场有关，所以不在古典经济学考察范围之内。

三、市场冲突为什么会越来越引起人们的注意?

随着工业化的推广和市场的扩大，市场冲突逐渐增多。大量冲突反映于企业或交易者个人利益的增减。有人运气好，有人运气差，于是彼此之间的纠纷成为市场不和谐的主要原因。

新产品、产品新功能、新技术的不断涌现，使企业之间、交易者个人之间的冲突越来越多，越来越激烈，因为这涉及企业和交易者个人能否继续生存的大问题，所以市场冲突势必越来越被人们关注。

从19世纪20年代以后，西方已经走上工业化道路的国家开始发生经济危机（当时称为萧条），但有人渡过了这段困难时期，有人则破产了。这些都被看成是市场冲突使人们的命运发生变化，所以人们越来越注意这些。

渐渐地，垄断组织开始兴起，它们依靠新技术、新设备、新手段等在各自的领域建立自己的势力范围，从而加剧了人们对垄断的不满。

尽管在工业化开始后，市场仍是开放的，但政府调控的措施仍越来越引起企业和交易者的关注。不同的企业和交易者对不同的政府措施的反应不同，于是也加剧了冲突。

四、市场经济中的“次优选择”

在市场冲突日益引起人们关注的情形下，一般的企业和交易者既斗不过政府的调控措施，又斗不过垄断势力，自保便成为它们的主要考虑，于是便“退而求其次”，即不再坚持“最小成本”“最大收获”的做法，而倾向于“次优选择”。

“次优选择”最初是在消费领域被企业和消费者们所接受的。这是因为，由于信息的获得需要信息成本，信息的处理不仅需要时间，而且同样需要信息成本，所以在消费领域内，人们选择了次优，退而求其次，以“较小遗憾”代替“最大满足”。

“次优选择”逐渐推广到投资领域。除了在投资领域内同样需要大量信息成本以外，还由于不确定性增大了，谁也不能稳坐“首位”而不会有后起的强大对手。于是在同对手较量时，通常留有余地，不要搞得太紧张。

具体地说，“次优选择”就是一种妥协。与其硬拼到底，不如各自后退一步。硬拼的结果可能是“两败俱伤”，是“双输”。而妥协则有可能变“双输”为“双赢”。妥协就是和解，对双方都有好处。

妥协的结果可能多样化。既可能是零和博弈，也可能是非零和博弈，一切因事而异，因地而异，因大形势而异。换言之，和解是斗争双方都能接受的格局。

五、市场竞争中，任何一方都会避免“两败俱伤”

要知道，市场竞争中，任何一方都不愿意出现“两败俱伤”的结局。“两败俱伤”的得益者通常是第三方，它最终出来收拾残局。这是竞争的双方最不愿意看到的结果，因此妥协是可以接受的。

妥协方式是各种各样的。即使市场竞争中的双方并非势均力敌，有实力较强的一方，也有实力较弱的一方，但坚持“一斗就要斗到底”，可能使势力较弱的一方先垮，而实力较强的一方也有损失。所以一般不可能避免“双输”格局。

妥协时，往往出现中间人，即调停人。中间人可能出于大局的考虑而出面调停。于是市场竞争可能因此有转机。但不管怎样，谈判的技术仍然不可忽视，各自应亮出自己的底线。

这样，不管有没有中间人，有没有调停人，知道对方的底线是重要的。一般是不触碰各自的底线，在底线之上双方有妥协的可能。

“经济人”假设在这种情况下失去了作用。谈判中，双方都将以“社会人”的身份出现。

六、最佳的妥协就是和解，也就是双赢

在古典经济学和新古典经济学的理论中，“经济人”作为一

种经济学假说，被认为是天经地义的信条。然而，随着市场竞争中的冲突和纠纷的增多，“社会人”假说取代“经济人”假说便不可避免。这是因为企业和交易者个人都变得现实了。

在“社会人”看来，在激烈的市场竞争中，任何一方再强大，也必须考虑冲突应付的代价，谁都不愿“两败俱伤”“得不偿失”，谈判、和解、双赢才是聪明人的选择。

第一种可行的做法：在发生市场冲突或纠纷时，强势一方给弱势一方留一个生产、经营的范围，彼此不越过这一范围的边界，于是双方相安无事，彼此都能生存、发展。双赢格局由此制定。

第二种可行的做法：强势一方帮助弱势一方，作为合作伙伴。具体做法，包括融资，帮助改进技术，生产新产品，这样，弱势一方不仅能生存下去，而且视强势一方为自己的合作者。市场纠纷也就消失了。

第三种可行的做法：强势一方扩展为一个集团公司，帮助弱势企业成为同一个集团的成员，使它不仅能继续生产经营，而且有所发展。如果再出现市场纠纷，可以在集团公司内部协调。

第四种可行的做法：如果双方势均力敌，那么可以订立协定，划清业务的边界，彼此和平共处，互不违约，直到形势变化。

七、双赢的核心就是都接受和解，都满意，都有前景

双方通过谈判，都接受和解，都对纠纷的平息感到满意，这就是说，双方都不以“经济人”自许，双方都演变为“社会人”，都接受“次优选择”。这是双赢的格局，最符合市场现实。

“宁死不屈”“绝不委曲求全”“绝不后退”等说法，都是政治斗争中的术语。市场就是市场，市场竞争不管多么激烈，仍然是市场，“和为贵”依旧是市场的原则。市场中最大的危害是背信弃义。除此以外，市场竞争中的冲突和纠纷都可通过谈判解决。

在市场竞争和利益分配中，如果发生冲突和纠纷，不管是双强之间的冲突和纠纷，还是一强一弱之间的冲突和纠纷，甚至是双弱之间的冲突和纠纷，都可以通过谈判，各自退一步，海阔天空，达成妥协，从而实现“双赢”。

妥协不是贬义词。妥协实际上都是以大局着想，达成和解，各自后退一步，最后有冲突、有纠纷的双方“双赢”。这就是前景，也就是有秩序的市场的前景。冲突和纠纷长时期不能妥协，是企业和交易者的共同损失。

当交易者都成为“社会人”，都倾向于“次优选择”时，双赢格局就会普遍出现。这正是今后市场的前景。

八、对市场中的妥协应当有新的认识

总结以上所述，第一个新认识是：妥协、和解、双赢、共赢今后应当成为市场竞争中的新模式。企业和交易者着重考虑的，不是“我能从你那里赚多少钱”，而是“你能从我这里赚多少钱”。

第二个新认识是：“经济人”假说越来越不灵，代之以“社会人”假设。“社会人”不坚持“最小成本”和“最大收益”，而是“适当的成本”和“适当的收益”。这是因为“社会人”是做不到“最优选择”的。

第三个新认识是：市场竞争中的冲突和纠纷都是可以化解的。为了出现双赢的格局，“社会人”更多考虑的是和解，“各自后退一步”，便有更好的前景。更好的前景不是天上掉下来，而且通过交易者的努力而出现的。

第四个新认识是：双赢也许不是短期内就能出现的，但日积月累总会出现和解后的新面貌、新气象、新环境。这既归功于和解，归功于妥协，归功于“社会人”假设，更归功于双赢的实现。

有了这样四个新认识，市场竞争将在和谐的大环境中继续存在，并会逐渐带来新的环境。

（2017年6月为北京大学光华管理学院研究生讲课）

PPP模式在中国的规范化问题

近年来中国也在开始做PPP，而且进展很快。但中国在开展PPP的过程中带有一些“中国的特色”，这种情况很可能不符合国际上PPP的要求。还有的地方是先试验之后再逐步规范化。

PPP对于中国下一步改革是有很大帮助的，关键就是规范。我们在一些城市曾对民营企业进行过调查，问这些企业为什么不投入到PPP项目中？这些企业的回答很清楚：“我们有顾虑，其中最大的顾虑是如果地方政府换人了，我们以前建立的这种合作又要重新开始。就是说一旦领导换了，PPP怎么办？”我们在实际业务中发现的确存在这种问题，这是第一个顾虑。

有些地方政府以及很多企业还有另外一些顾虑，就是民间资本或民营企业参股后能不能退出？能否有渠道将股份转让出去？因为每个人对于PPP前景的看法可能不一样，有些民营企业不看好PPP的前景了，要退出怎么办？中国目前还没有完善的机制与渠道，但是在国外是可以的，可以通过市场来解决，如果你打算卖，就有人买。上述是民间资本的第二个顾虑。

第三个顾虑是在PPP模式中，地方政府能否通过发行地方政府债券的形式筹集政府资金。对于这一点，各方是有争议的。地方政府如果通过这种方式筹资，用什么来偿还？能不能偿还？地方政府债务违约率是多少？民营企业担心的是如果地方政府出现债务违约，可能会将债务统统归到民营企业头上，就是说地方政府发债反而会引起民营资本的恐慌。这就是因为PPP不规范，民营企业会担心偿债资金来源以及未来的债务风险问题。

还有第四个顾虑。PPP在国外通常分为两个阶段：第一个阶段是建设阶段，第二个阶段是经营阶段。在第一个阶段是试验型的，要进行建设。一些民营企业其实对项目前景还是不大看好的，但是也在承担着风险参与出资建设。当进入第二个阶段时，项目公司通常会改成股份制。在国外通常是这样，第二个阶段重在经营，政府可以把自己的投资进行出让，所以在改成股份制时，民营企业有些担忧：进入经营阶段后，形势看好了，政府却可能不跟民营企业合作了，而是把项目拿到国外去招商，请国外资本来做。因为国外资本通常比民营资本实力强、出资快，所以民营企业担心真正到经营阶段之后，就不会让他们继续做了，也分享不到收益了。他们说政府与民营企业共患难可以，但共安乐就难以实现了，因为政府要把合作机会转给国外资本、国有企业了。我们假定第二个“P”（第一个“P”是政府，第二个“P”是企业）都是国有企业，或者是国有企业改制后的混合所有制企业，那么这类企业很可能法人治理结构不健全，董事会也起不到作用。因为要想法人治理结构健全，必须是真正独立的公司、独立的市场主体，这也是PPP发展过程中应该注意的问题。另外，民营企业还有一点担心就是政策多变。如果国有企业人事变动或者主管部门的政策变了，规则没有了，那么项目的经营管理会好么？经营就可能会亏损。

以上四个顾虑是我们在调查中发现的，说明一个问题很重要，就是中国的PPP是有前途的，但一定要规范化。要实现规范化，就要先有条例，再有法规，再有法律，一定要按步骤进行。到了有法律的阶段，这些问题就解决了。

（本文根据作者2017年9月9日在“引领新常态，创新PPP发展理论与实践高层对话暨北京大学政府和社会资本合作（PPP）研究中心成立大会”上的发言整理而成）

中国发展需要弘扬优秀企业家精神

一、建设中国特色社会主义需要企业家和优秀企业家精神

当经济学界最初使用“企业家”这个术语时，并没有专指某一类企业家，而是泛指有创新精神、创业精神的从事企业活动的能人。按美国经济学家熊彼特的说法，企业家就是开拓者、创新者，企业家就是把科学技术发明引入经济生活之中，把经济推向前进的人。从第二次世界大战结束后这几十年各国经济增长和技术进步的历史来看，各国的政界、经济学界和企业界无不关心创新，无不把创新同企业家的努力、拼搏和开拓精神连接在一起，也无不肯定企业家在推动经济增长中的作用。

改革开放以来，党中央、国务院和社会各界一直高度重视对企业家的培育和鼓励。习近平总书记指出：“我们全面深化改革，就要激发市场蕴藏的活力。市场活力来自于人，特别是来自

于企业家，来自于企业家精神。”习总书记的这段话，清楚地告诉我们，在社会主义社会的发展和建设过程中，需要一大批具有核心竞争力的企业，需要众多的具有开拓精神，能发现机会、整合资源、勇于创新、敢于拼搏、爱国敬业的企业领导人、带头人。社会主义发展和建设过程中，既有公有制企业，也有非公有制企业，还有混合所有制企业，更有无数小微企业，所有这些企业都在朝着追求卓越、开拓市场的方向前进，企业家在市场经济的激励下，为国家的发展、为企业的建设贡献自己的力量，他们是参与经济活动的重要主体、“关键少数”和特殊人才。党中央、国务院从新时期国家发展战略出发，出台《关于营造企业家健康成长环境弘扬优秀企业家精神更好发挥企业家作用的意见》（以下简称《意见》），对激发与保护优秀企业家精神提出了总体要求和具体举措，意义十分重大。

二、依法加强企业家财产保护的重要性

要让市场有生气，必须使社会有良好的预期，而社会良好预期的形成首先与产权保护有关。《意见》就“营造依法保护企业家合法权益的法治环境”提出了三方面的措施，一是依法保护企业家财产权，二是依法保护企业家创新权益，三是依法保护企业家自主经营权。这三方面的内容是紧密地联系在一起的。古语云：“有恒产者有恒心。”这句话至今仍然有效。如

果社会上的个人产权遭到侵犯，或非公有制企业的产权遭到侵犯，法律对产权的保护缺位，那就不可避免地造成人们预期紊乱，而一旦预期紊乱，创新创业就会失去动力。这种情况是屡见不鲜的。

从当前中国社会主义市场经济的状况来看，依法加强企业家财产保护是十分重要的。唯有使广大人民、众多企业经营者有财产安全感，才能保证社会的稳定和经济的持续增长。公平保护财产权，最重要的就是要树立法律的最高权威。法律是一视同仁的，法律法规让公有财产和非公有财产一律受到保护，使公众有财产安全感，全国上下都会因为有良好的预期而产生动力和活力。对于政府而言，为了激发和保护企业和投资人，一定要“守信践诺”，取信于民。各地政府不能以政府换届或领导人更替等理由违约，不能将公权力凌驾于法治之上。

三、形成促进企业家公平竞争的市场环境

为了激发和保护企业家精神，除了要切实保护产权和其他财产权利之外，另一个重要问题就是《意见》提出的通过多种措施，“营造促进企业家公平竞争诚信经营的市场环境”，促进各种所有制经济依法依规平等使用生产要素、公开公平公正参与市场竞争、同等受到法律保护。

市场经济是讲究公平竞争的，在公平竞争的前提下，企业家

的才能，重组生产要素的能力以及冒险精神、市场开拓精神和拼搏精神都会迸发出来。因此，从政府的角度来看，一项重要的任务就是依法清理、废除一切妨碍统一市场公平竞争的各种规定和做法。国家或地方政府建设工程项目的招标投资应当进一步阳光化，让一切有条件、够资格的企业都能参与竞争，并依法取缔各种不公平竞争和腐败行为。这是非公有制企业、特别是中小企业迫切的愿望。

四、健全企业家诚信经营激励约束机制

信用是对交易者合法权益的尊重和维护。信用涉及的不仅是目前的交易，也涉及今后的交易。信用扩大了经济生活的范围，扩大了市场的领域，并使交易得以持续，交易成本得以下降。在经济生活中，交易者遵守信用，既是对交易双方的合法权益的尊重和维护，也是对双方继续交易的推动。“谁老实，谁吃亏”，别人以虚伪待你，你也只好以虚伪待人，尽管这只是一种“自保”的做法，但却形成了一种不正当的社会风气，甚至留给下一代、再下一代。西方有这样一个谚语：他欺骗了所有的人，最后他发现，原来自己也被所有的人骗了！对信用的破坏，固然损害了别人，实质上也使自己遭到损失。这绝对不是一个小问题，而是关系到企业和企业家能否发挥作用、市场机制能否发挥作用的大问题。

对社会主义社会来说，诚信待人、诚信经营和诚信交易是必备的市场准则。对社会主义社会的每一个企业和企业管理人员，实际上有两条底线：一条是法律底线，另一条是道德底线。法律底线不可逾越，道德底线同样不可逾越。法律底线和道德底线无疑要靠人们的自律，但仅靠自律是不够的，还必须加快落实《意见》提出的“健全企业家诚信经营激励约束机制”“持续提高监管的公平性规范性简约性”，依靠信用监管和社会监督，使那些违背诚信的单位和个人受到抵制，受到处分，从而使市场经济的运行法治化和规范化，使交易者的合法权益得到维护。

五、为企业和企业家创新创业营造良好的社会氛围

《意见》提出，“营造尊重和激励企业家干事创业的社会氛围”。要实现这一目标，首先，要完善对企业家的容错帮扶机制。特别是，社会对那些在新产品试制和新管理营销中踏踏实实工作但走过弯路，甚至有过挫折的创新创业者要加强关注和支持力度，才能激励企业和企业家、创新和创新者。其次，要拓宽企业家参与国家政治生活和管理社会公共事业的渠道。江山代有才人出，其中有研究人员和发明家，还有企业家和创新创业能人。他们遵纪守法、讲诚信，同时也有参政能力。如果各行各业都有一些思想进步、参政议政能力强的行业代表能有机会积极参加政治活动，一定可以把本行业所了解的信息及时反映给各级政府，

为企业及时解忧排难，使企业的献言献策能取得更及时的处理。最后，要加强对企业家的正面宣传。在网络时代，各种各样的有关企业家的信息广为传播，一些未经核实的负面消息使公众困惑，也打击了不少企业家的积极性，还导致一些有志为企业出力的年轻人对舆论产生不信任感，从而转向消沉。因此，加强对企业家的正面宣传十分重要，只有坚持实事求是，鼓励团结稳定，才有助于形成支持、激励企业家的社会氛围。

从以上的分析可以清楚地看出，无论是加强对优秀企业家的社会激励，拓宽企业家参与国家政治生活和管理社会公共事务的渠道，还是加强对企业家的正面宣传，都是制度建设的问题。通过一系列制度建设，解决制约企业家精神的主要问题，多方面改进服务、优化环境、释放激发和保护企业家精神的积极信号，必然会提高企业家的信心。企业家精神的发挥和制度建设的日益完善，二者是相互促进、相辅相成、缺一不可的。唯有完善了制度建设，营造了尊重企业家的社会氛围，才能激发出企业家们的积极性和主动性。同样的道理，一旦企业家们有了安全感，有了制度的保障，他们就会取得不断开拓、不断创新创业的业绩。

六、优秀企业家精神需要继续培育传承

《意见》强调“让优秀企业家精神代代传承”。从目前企业

家精神在国内的表现来看，的确需要加强优秀企业家精神的培育传承。

第一，要引导企业家树立崇高理想信念。强化自觉遵纪守法意识，保持艰苦奋斗精神风貌，主动履行社会责任。目前，许多企业都重视企业文化工作的开展。企业文化的宗旨是什么？最重要的就是培育企业职工的认同感，增强企业职工的凝聚力。从企业家、企业高管直到每一个普通工人，大家都需要有社会责任感。这种凝聚力，这种社会责任感，就是企业最宝贵的财富。

第二，要大力培育年轻一代企业家。社会上有时流行这样几句话：第一代企业家是创新创业的一代、开拓进取的一代；第二代可能是守成的一代，而到了第三代，却有可能是只图享受的一代、衰落的一代，甚至是败尽家产的一代。事在人为，有不少民营企业家已经觉察到这一点，他们意识到两句古训：儿女胜似我，留钱干什么？儿女不如我，留钱干什么？因此，必须加强对家族的企业家精神的教育，要把前辈的开拓精神、创新创业精神传承下去。政府也应当重视对年轻一代企业家的教育、引导和帮助。年轻一代完全有可能成为继续拼搏的一代。

第三，要加强党对企业家队伍建设的领导。坚持党管人才，强化企业家队伍建设，加强对国有企业家的党性教育、宗旨教育、警示教育，加强企业党建工作。在中国特色的社会主义经济发展和建设中，使国有企业家发扬创新精神、守法律己精神，这不仅是进一步做强做优做大国有企业所必需的，也会对民营企业发挥示范作用，将众多的民营企业和民营企业家引导到为社会做出更大贡献的道路上来。

七、“二次创业”的高潮正等待着中国企业家群体

在世界经济深度调整的背景下，中国经济正在迅速双重转型，即一方面实现从传统的经济向工业化、后工业化和信息化经济的转型，另一方面实现从社会主义计划经济体制向社会主义市场经济体制的转型。这两种转型的叠加，涉及了一系列重大问题，其中最为关键的就是加快发展方式的转变：从数量型和速度型的发展方式转变为效益型和质量型的发展方式。因此，供给侧结构性改革必然成为当前改革的重中之重。结构性改革不是单纯的结构调整问题，而是以体制改革为治本之策，通过体制的改革，淘汰落后产能，实现科技创新、体制创新、管理创新、营销创新，促进制造业、农业、服务业等行业走上新台阶、闯出新道路。这一进程中，企业家精神始终是推进供给侧结构性改革的重要推动力之一。

当前，无论是国有企业还是混合所有制企业和民营企业，在双重转型过程中都面临“二次创业”的机遇和挑战。“二次创业”不是传统发展方式的延续，而是同供给侧结构性改革紧密联系在一起的，包括推出新产品、新设备、新设计，开拓新市场，形成新优势。“二次创业”蕴藏着无穷的商机，谁有企业家

精神，勇于去拼搏开拓，谁就有可能获得成功。市场欢迎企业家大胆闯荡，胜利属于有智有谋有远见的开拓者、创新者。可以预料，创业创新的新一代企业家必将大量涌现。“二次创业”的高潮正等待着中国企业家群体，等待着他们智慧的发挥。常言说得好：小富靠勤奋，中富靠机遇，大富靠智慧。企业家精神既体现了勤奋，也体现了获得机遇的能力，更体现了企业家智慧的发挥。相信在企业家特别是年轻一代的企业家中，企业家精神必将不断迸发，企业家的国家使命感和民族自豪感必将不断提升。这样，“二次创业”就会持久坚持下去，推动中国经济不断取得新的成就、形成新的优势，使中国梦早日实现。

八、结束语

经济学是研究效率的。效率有两个基础。一是效率的物质技术基础，二是效率的道德基础。效率的物质技术基础包括厂房、机器设备、动力供应、原材料、劳动者素质、管理水平等。效率的物质技术基础固然重要，但其所提供的只是常规效率。超常规效率是从哪里来的？它来自效率的道德基础。不妨举两个例子。一个例子是：在抗日战争年代，广大人民群众为什么有如此高昂的工作热情，战士们为什么有舍身杀敌的勇气呢？这就是效率的道德基础发挥的作用。另一个例子是：在特大自然灾害来临的时候，比如2008年5月四川汶川大地震期间，解放军官兵和志愿者为抢险救灾而奋不顾身，甚至献出自己的生命，这同样是效率的道德基础发挥作用的结果。

道德力量的调节无疑是市场调节和政府调节之外的第三种调节。在“优秀企业家精神”激励下所产生的创新创业活动和拼搏开拓行为，既反映了时代精神，也反映优秀文化的传承，这正是民族的骄傲、民族的希望所在。

（原载《人民日报》2017年9月26日）

道德自律和道德激励

一、道德自律和道德激励的含义

道德自律对每一个社会成员来说都是不可缺少的。每一个社会成员从小都在人际关系中长大，因此从童年时开始，他们就受到道德自律的教育。

也正是从童年开始，每一个人都会对社会上不良的风俗和惯例有所选择。道德自律从这时开始。家长、其他家庭成员和教师都会影响这些选择。

因此，最初的选择在不同的早期生活和家庭影响下就起着作用。忽视道德自律，有可能从儿童时期开始就影响孩子今后的生活和习惯。

道德自律对任何一个社会成员都是必不可少的，但这只是道德力量调节的一部分，另一部分则是道德激励。

道德自律是指任何一个社会成员必须遵守法律、道德规范，必须约束自己的行为，不做违背法律和违背道德规范的事情。

道德激励是指，任何一个社会成员都应当用道德规范来鞭策自己，为公众做善事，帮助别人，包括应当为国家、民族、人类贡献自己之所能。

二、道德自律和道德激励的结合

用最简单的方式来表示：道德自律是指一人要约束自己的行为，不做任何坏事。道德激励则指人要做善事，帮助别人。

道德自律和道德激励是结合在一起的。仅有道德自律或仅有道德激励都不够。道德力量的调节应把道德自律和道德激励都包括在内。

在道德自律和道德激励二者相结合的基础上，将会形成一种共同命运感。

由此可以认为，共同命运感的形成是社会主义核心价值观的体现，是道德自律和道德激励相结合的后果。

共同命运感的形成需要经受考验，这是衡量道德水平所必要的。一个明显的例子就是抗日战争时期全国上下所形成的共同命运感。中国共产党之所以能在抗战胜利后短短的三四年时间内解放除台湾外的国土，同共同命运感有关。

另一个明显的例子就是中共十一届三中会后的改革开放政策深入人心，以致整个社会为中国的复兴而做贡献的事例。没有共同命运感的形成，中国的发展和复兴能取得这样巨大的变革么?

第三个明显的例子就是中共十八大以来的新思想、新政策、新动力的涌现，这表明共同命运感已深入人心，方向已明确，全国人民的面貌已非过去可以比拟。

共同命运感是代代传承的，传承实际上就是充实和丰富。

中国共产党已成立已经九十多年了。共同命运感的传承是一代接着一代的，从未停止过。代代传承，实际上就是不断给共同命运感以新的内容。近一百年来的中国历史正是这样不断充实、不断丰富的。

从国家富强的角度看，近一百年来的中国经济的发展和壮大，表明了共同命运感是不断增添内容的。

从法治国家的角度看，同样可以看到中国社会的变化。这同样表明治国理念的充实和丰富，表明共同命运感的充实和丰富。

三、道德自律和道德激励内容也将随着时代的进步而发挥作用

最后，我们还应当对道德自律和道德激励的内容有新的认识。一个重要的因素是科技的进步。比如说，网络使用中的某些人要把道德自律和约束纳入范围内，这就是新内容。又如，随着人们观念的变化，绿色革命的影响越来越大，这就要求对环境的

保护和开发利用有新的认识，从而使人们对共同命运感有新的理解、新的约束、新的规划。

由此可见，道德自律和道德激励的要求在逐步完善和进步。每一个社会成员都不能忘掉时代进步和观念更新给人们的新启示。

（2017年9月为北京大学光华管理学院新招收的研究生讲课）

《中国式财富管理》序言

一

金李教授研究家族企业和财富管理这一课题已有好多年的历史了。他在研究中提出的不少见解，引起了社会各界的注意。特别是他主持的“富二代”如何转型和适应当前的市场形势的培训工作，有很大成绩。北京大学光华管理学院同哈佛大学、牛津大学等名校合办的国际培训班，已经成为有影响的“富二代”深造项目，报名人数越来越多。这与金李教授的努力是分不开的。

民营企业的转型，特别是家族企业的转型，一直是我近年来关心的问题之一。我在研究过程中，不但多次到江苏、浙江、安徽、福建、广东等省进行实地调查，而且还同这一领域的专家学者交换看法。金李教授就是我经常切磋、讨论的专家之一。所以他在写作《中国式财富管理》书稿并交付中信出版社付印时请我为此书撰写序言，我是欣然允诺的。

我准备在序言中写什么呢？经过思考，我想谈一谈中国现阶段家族大中企业面临的转型问题。

在苏、浙、皖、闽、粤等省的调查中，我发现家族大中企业同家族小微企业是很不一样的。家族小微企业通常只有一个目标：家族盈利，让家族成员增加收入。如果家里有几个弟兄，到适当的时候，原来的家族小微企业会分成几个，因为儿子长大了，一个个单门独户，自已经营下去。一般的家族小微企业都是这样。其中也有些家族小微企业会发展为中等企业，甚至成为大企业，但这可能同机遇有密切关系。

家族大中企业就不一样了。这些企业一开始就有两个目标或称“两本账”。一是搞好家族企业的经营、发展、壮大，这可称为“经济账”。二是照顾本家族中的弱者，让他们也能过上安定、舒适的生活，这可称为“社会账”。这两个目标或“两本账”是并存的。

但这样一来，矛盾便发生了。原因在于：本家族中的弱者不一定是真正的弱者，而是懒惰之徒，或染上恶习之辈。逐渐地，家族成员中一些勤劳有为的人提出，家族企业不能养那些吃喝嫖赌、甚至吸毒的家族成员，要求及早析产分家，于是分家的争论不绝。

结果，两个目标（即一方面搞好企业经营，另一方面要养活所谓的“弱者”）不可能长期并存。争吵的结果只好分家析产。分家析产后，企业虽然比分家前小了，但仍有可能继续发展壮大。

又隔了一些年，企业虽然兴旺起来，但由于企业依然存在“两本账”制度，仍然保留两个目标，于是又会引起一部分家族成员的不满。他们认为对于真正的弱者如孤寡老人、残疾人、弱智等，需要照顾；对于家族贫穷而成绩优秀的学生，应当给予补助。但企业不应该养懒汉，养败家子。因而隔若干年分一次家，析一次产，成为家族大中企业的常例。因此，如果不消除两个目标或“两本账”的做法，家族大中企业是无法做强做大的。这个问题成为家族大中企业进一步发展的桎梏。

二

我们在苏、浙、皖、闽、粤五个省份调查时，发现社会资本对家族企业（包括大、中、小微家族企业）的重要意义。这里所说的社会资本是经济学中所使用的概念，它是指一种人际资本关系，或是人际关系的一种体现。它是无形的资本。具体地说，在经济生活中或市场竞争中，一个交易者，只要本人勤奋肯干，又讲诚信，他的“社会资本”就体现出来了。这样的人就能够得到同乡、同事、同行、朋友的帮助，就能从无到有，从小到大，在众人的帮助下发展起来。

由此得到一个启示，任何人，只要他进入了市场，就必须讲诚信。对任何交易者来说，都有两条底线，一是法律底线，另一是道德底线，人人都应自律，切不可突破这两条底线，否则他的社会资本就消失了。

要记住，在法律面前，人人平等，都应守法，没有特殊人物。同样的道理，在道理面前，也是人人平等，无一例外，也不存在特殊人物。西方有句谚语：“他骗了许多人，最终他发现，原来自己被所有人骗了。”社会资本来自诚信，一旦失信于人，以前积累的社会资本也会从此丧失。

对家族大、中、小微企业来说，品牌的持久化和更新化就是明显的例子。不少家族企业认为，品牌是祖先创造的，是家族的宝贵财产，但仅仅到此为止，不知道维护自己品牌的重要性，更不了解创新品牌的必要。

实际上，品牌是有赖于在原来的基础上不断创新的。一些家族企业很少考虑到靠技术创新来充实品牌，靠产品升级和产业升级才能显示自己目前的优势何在。

家族企业中，大量存在的是中小企业。实际上，即使是中小企业仍有自己的品牌优势。一是机制灵活，船小掉头快；二是自主经营，自负盈亏，看准了就做，做不好就改，改不了就换。它们应认识到小有小的长处，关键是要小而精，小而强。不要以为越大越好，大有大的困难，不如小的灵活。

在珠江三角洲的一些城镇，我们看到，有些家族中小企业办得很有起色，同样打造出自己的品牌。比如说，家族中小企业在市场竞争中有以下六个方面的独到之处：①有新的产品设计；②选择了新的原材料，或选择了新的配件；③使自己的产品增添了新的功能；④使自己的产品更具有人性化、人情化，以吸引消费者；⑤使自己的产品，使自己的工作场地，或使自己的厂区更清洁、卫生；⑥在生产或服务的过程中采取了新技术、新设备、新工艺等，从而能夺取市场份额。这样，城乡家族中小企业都有可能做精做强，扩大生产，扩大销售规模。

三

我们在苏、浙、皖、闽、粤几个省调研时，经常遇到一个常有普遍性的问题：家族大中企业中的“富二代”明确表示不愿意接家族的班，也就是不愿意担任未来的企业接班人。据我们了解，大体上有三种不同的情况：

第一种情况，“富二代”已经从大学毕业，学有专长，并且已经在科研机构工作，或在大学任教，有些“富二代”还毕业于欧美或日本的名校，他们认为丢掉自己的专业，太可惜了，太不值得了。他们有时还反映：“我们不是经商、办企业的料，我们也不熟悉企业管理和营销，实在不能接班。”

第二种情况，“富二代”虽然已在家族企业中工作了一段时间，还担任了部门主管等职务，但在家族成员讨论未来接班人时，这些“富二代”却并不那么积极，心里却在盘算，在市场竞争如此激烈的情况下，要胜任，太艰巨了。“还是让贤为好”，自己只愿当副手，或只分管一个部门。

第三种情况，有些“富二代”虽然想接班，但家族成员中不少人却摇头，认为这样的人既无大志，又无远见，很难把家族留下来的企业经营下去，更不必说使它发展壮大了。于是就涉及了家族企业多少年来争吵不休的大问题：企业接班人是“选亲”还是“选贤”，是“亲中择贤”还是“贤中择亲”？

正因为出现了上述三种情况，“富二代”接班便一直成为难以解决的大事。

由此让我们转入对家族大中企业的职业经理人身份的考察。在家族大中企业自身难以选出令家族成员基本上满意的接班人的情况下，职业经理人便应运而出现。在中国这块广阔的土地上，最早不称职业经理人，而称作“大管家”。“大管家”通常在本家族大中企业任职多年的高级职员，他们之所以被称为“大管家”（也有称作“管事”的），主要是由于得到家族主要成员的信任，即他们熟悉业务，精于管理，被认为不仅有能力，而且忠心耿耿，能扶助“幼主”继续家族企业，使之继续发展，而后使“幼主”在他的扶植下成为掌握实权的老板。“大管家”这时年老了，由企业家给予他退职报酬，安度晚年。

这种接班模式，在1949年前是盛行的。1949年后，由于实行了计划经济体制，民间大中型企业先改为“公私合营”，后来又组成国有企业，家族企业实际上已不再存在。新的民营企业大体上是在改革开放后的20世纪八九十年代出现的。从21世纪最初几年起，民营企业，包括家族企业，在“非公经济36条”“非公经济新36条”的促进下，有较快发展。民营企业，包括家族企业，也开始采用职业经理人了。这一变化是不容忽视的。“大管家”

模式逐渐退出市场，职业经理人这种职务在民营经济（包括家族大中企业）中开始普遍起来。这与中国民营经济、家族大中企业的转型直接有关。这就是本序言所要讨论的第四个问题。

四

20世纪八九十年代，是中国民营企业、家族企业开始发展的年代。进入21世纪后，无论是民营企业还是家族大中企业，相继进入了转型阶段。

转型一词实际上负有两种使命。一是摆脱旧体制的影响，民营企业和家族大中企业都必须走现代企业的道路，最终成为适应市场经济的自主经营、自负盈亏的市场主体。二是摆脱旧体制的影响，产权清晰、产权受到法律的保护，在法律面前，所有制不同的企业是一律平等的。也就是说，无论是公有经济的企业、混合所有制企业，还是私人企业，产权一律受到保护，从而每一种类型都是有积极性的，有充分活力的。所有各种类型的企业都将发挥企业家精神，拼搏、创新，关注公益，实现社会责任。

目前社会上有一种模糊的认识，即认为转型或体制改革是国企业的任务，至于民营企业、家族大中企业，不需要进行体制改革了，它们已经转型，还有什么必要再进行转型呢？这种看法是不符合实际的。正确的观点应当是：国有企业中除少数特殊行业的企业之外，都需要公司化；产权清楚，产权界定后一律受到法律的保护；公司内部，有完善的法人治理结构，董事会、监事会、总经理都按照规定发挥应有的作用。这样，公司的效率必然提高，资源配置也必然有更高的效率。

民营企业，包括家族大中企业，同样有转型的任务。具体的做法，就是明确产权，产权落实到个人，也就是使企业产权落实到投资者个人。同时，公司化以后，一切按法人治理结构的规则处理，董事会、监事会、总经理按规则各尽其职，也各负其责。

前面曾经提到家族大中企业有关接班人的三个难题（“富二代”不愿接班，“富二代”只要当个副手，“富二代”虽然想接班但能力不够，家族成员也不同意他接班），看来只有通过家族大中企业的转型、公司化和法人治理结构的完善来解决。

先谈谈“富二代”有较高的学历，又具备专业知识，他们因不愿丢掉事业所长而不愿接班，是可以理解的。他们愿意成为持有一定份额的股东但不担任公司的董事长或总经理的职务，就听从他们的意见。甚至他们愿意转让出去自己的部分股权，乃至全部股权，用于自己的专业、事业，同样应被允许，一切以符合法律法规为准。这样一来，“富二代”的愿望实现了，改为公司制以后的家族企业可以照常经营，逐步发展。

再谈谈“富二代”不愿当企业的第一把手而只想做个副手或部门经理。在这种情况下，既要听取董事会的意见，也要听取总经理的意见。某个“富二代”成员能否胜任企业的副手一职，或能否胜任部门经理一职，不是“富二代”本人说了算数的。否则，不符合企业关于副手或部门经理的人事任免规则，即使任命了，以后仍可能出现这样或那样的纠纷。

最后谈谈所谓把接班人一职先交给曾在家族大中企业工作多年的、有丰富经验而又忠心耿耿的“大管家”，由他帮助能力还不够的“幼主”做一过渡，然后再正式任命“幼主”为企业第一号人物。不管这种模式如今有多少家族企业还在采用，但必须认识到这种模式早已过时了。家族企业的公司化以及法人治理结构的建立，使现代企业管理模式从根本上不同于传统的家族大中企业管理模式。现代企业管理模式和传统的家族大中企业管理模式是不能并存，不能兼用的。研究中国财富管理的专家们之所以呼吁必须以现代企业管理模式替换传统的家族大中企业管理模式，正因为后者是一种传统的、旧式的管理模式，跟不上时代的步伐了。

五

今天的中国，许多省份（包括自治区、直辖市）正在为民营经济和家族大中企业寻找有效的转型之路。它们当前感叹有三难，这就是融资难成，人才难得，技术创新难赢。这些确实是民营企业、家族大中企业的难点，需要从政策角度找出有效的解困办法。

然而，从民营经济方面和从家族大中企业方面来分析，这些企业自身不是毫无解困办法的。我们在广东珠江三角洲地区做了较细致的调查，发现民营经济和家族大中企业有些找到了如下的解困对策：

第一，设法利用证券市场进行筹资，在适当的条件下，走上新三板上市之路。

第二，采取民营企业、家族大中企业"抱团"的关系。"抱团"就是相互支持，合作分享，和解共赢。用珠江三角洲工商界人士的话来说，就是要"抱团取暖""抱团过冬""抱团闯国外""抱团搞创新"，等等。

第三，对民营企业、家族大中企业来说，不仅需要技术创新，同样需要管理创新、营销创新和机制创新，总之，要千方百计打通创新之路。经验是可以借鉴的，也是可以交流的。

第四，民营企业、家族大中企业最重要的转型就是前面一再提到的走向公司化。公司化是有一定规模的民营企业和家族企业的必由之路。迟改不如早改，反正最终必然改为公司制，改为股权清晰、股权边界明确，并以法人治理结构作为规则，那就不在该抱有"拖也无妨"的想法。"拖而不改""拖而不决"都是自欺欺人的。民营企业和家族大中企业切记。

民营企业和家族大中企业即使已经转型，即已经公司化了，但在激烈的市场竞争中一定要"稳中求进"。稳，指的是稳扎稳打，稳步前进，不要冒过大的风险，因为民营企业和家族企业一般说来底子薄，经不起折腾。前面提到的要走小而精，小而强的专业化道路，是国际上中小企业的发展道路，这个经验不可忘记。

“富不过三代”，这是一句老话，可能反映了一些情况，但未必有普遍性。要知道，经济形势是时刻变化的，经济周期总是同技术的重大变换密切连接在一起的，因此，任何一代的家族企业管理人都要有大智慧。创业不易，守成更难。这是因为经济在变化，经济周期继续或隐或现，技术在不断前进。任何一代的企业管理人要不断根据新情况，做出新判断，提出新理念，而不能死抱着“以不变应万变”这一过时的策略。

（为金李，袁慰著《中国式财富管理》一书撰写的序言，中信出版集团，2017年11月版）

贯彻新发展理念，深化供给侧结构性改革

习近平总书记在党的十九大报告中指出，为了实现中华民族伟大复兴的中国梦，必须坚定不移把发展作为党执政兴国的第一要务，坚持解放和发展社会生产力，坚持社会主义市场经济改革方向，推动经济持续健康发展。

深化供给侧结构性改革符合当前中国深化经济体制的要求。这是因为，中国经济已经从过去长期采用的数量型和速度型的发展方式转向质量型和效益型的发展方式，我们必须坚持质量第一、效益优先，以供给侧结构性改革为主线，不断增强我国经济创新力和竞争力。

从新发展理念的角度来分析，深化供给侧结构性改革的任务尚未完成，还有许多工作需要去做。例如，必须把发展经济的着力点放在实体经济上，把提高供给体系质量作为主攻方向，这样才能显著增强我国经济质量优势。又如，我们必须在创新引领、绿色低碳、共享经济、现代供应链、人力资本服务等领域

培育新增长点、形成新动能。这才符合经济发展中供需动态平衡的格局。再如，在经济发展的过程中，我们要激发和保护企业家精神，鼓励更多社会主体创新创业。我们还要建设知识型、技能型、创新型劳动者大军，弘扬劳模精神和工匠精神，营造劳动光荣的社会风尚和精益求精的敬业风气。

以上所说的这些，都属于深化供给侧结构性改革的内容，也都是新发展理念的体现。因此，去产能、去库存、去杠杆、降成本、补短板等结论应持续推进，以取得优化存量资源配置、扩大优质增量供给的成效。尽管“三去一降一补”的困难越来越大，但这些都是调结构不可缺少的。如果在这方面停止继续着力，很可能又回到数量型和速度型的老路上去。

高速度增长的发展方式现在已改为中高速增长的发展方式。中高速增长也被确认为新常态。这是一项重大的变革。但不容忽视的是：在改革中经常出现“路径依赖”或“制度惯性”，即认为走老路是“最安全”的，遵照前人走过的老路至少不会犯错误。这就是说，如果数量型和速度型的发展方式使经济发生这样或那样的问题，责任在前人而不在于仿照者、后来人。“制度惯性”或“路径依赖”之所以会成为一种难以改掉的老毛病，是有深刻原因的。

实际上，对任何国家或地区来说，高速度都不是常态，高速度也并非正常形势。说得更清楚些，中高速作为新常态也不是正常现象，仍是需要有政策的配合才能实现，或者需要有连续的技术创新的成绩才能持续。

假定没有体制的改革创新，又没有技术领域内有成效的发明创造，连中高速增长率都难以维持，还谈什么要保持高速增长呢?

最后，让我们把改革和结构调整移到农业的供给侧结构性改革方面来做进一步考察。这同样属于新发展理念深化范围之内的重大问题。新发展理念包括对创新、协商、绿色、开放、共享的坚持。十九大报告中特别强调要坚持在发展中保障和改善民生、坚持人与自然和谐共生。这意味着，在农业供给侧结构性改革中已经提出一些新的改革举措，目标是深化农业的改革。

首先，要巩固和完善农村基本经营制度，深化农村土地制度改革，完善承包地“三权分置”制度，即落实土地集体所有权，稳定农户土地承包权，放活土地经营权。第二轮土地承包到期后再延长30年。这样，承包户就安心了。

其次，农业供给侧结构性改革中提出要构建现代农业产业体系、生产体系、经营体系，完善农业支持保护制度，保障农民财产权权益，壮大集体经济，确保国家粮食安全，我们要把中国人的饭碗牢牢端在自己手中。

此外，农业供给侧结构性改革还提出要发展多种形式适度规模经营，培育新型农业经营主体，健全农业社会化服务体系，实现小农户和现代农业发展有机衔接。

上述这些清晰地告诉大家，供给侧结构性改革在中国还有许多方面的改革要展开，单是农业、农村还有许多工作要做。这也告诉我们，要坚忍不拔、锲而不舍，迎接社会主义新征程的来临！

（原载《光明日报》2017年11月22日）

如何消除结构性失衡

——对供给侧结构性改革的深入认识

一、结构性失衡之所以长期存在，主要有四个原因

1. 从根源上说，多年累积而造成的结构性失衡与长时期行政干预有密切关系。政府指令下达，地区经济按政府意图布局、生产，这样，原有的结构性失衡还未解决，又增大了新的结构性失衡。

2. 第二个原因是：在行政干预和直接指令之下，很容易形成“大干快上”的形势。基层干部和劳动者认为政府的指令是正确的，于是造成了结构性失衡越来越严重的态势，要改变格局是相当困难的。

3. 第三个原因在于各地区、各部门，甚至各类企业之间出现了攀比现象。一发生攀比，很难纠正，因为谁也不愿落后，更不愿沦为末位。

4. 第四个原因是：如果基层政府或行政部门发现了重复建设等问题，一般不敢反映，更不敢擅自停下来。这样，只有等到中央发现错了再纠正，晚了！

二、只有把重点放在体制转型，才能根本上化解结构性失衡

1. 由此看来，唯有体制转型，才能从根本上、从源头上理清市场关系。要促使市场在资源配置中起决定性作用，一定要坚持社会主义市场经济改革方向，推动经济持续健康发展。任何用行政方式来替代市场机制作用的做法，都有可能加重结构性失衡。

2. 要加快发展方式的转变。必须从数量型和速度型的旧发展方式转变为质量型和效益型的发展方式，把优化经济结构、转换增长动力作为发展目标。也就是说，坚持质量第一，效益优先，以供给侧结构性改革为主线，才能使微观主体有活力，使宏观调控有度。

3. 体制转型中还包括了激发和保护企业家精神，鼓励更多社会主体创新创业。同时，要建设知识型、技能型、创新型劳动者大军，弘扬劳模精神和工匠精神，营造劳动光荣的社会风尚和精益求精的敬业风气。

三、加速创新和创业，是建立结构性动态供求相适应的保证

1. 长期以来，中国的国有企业和中国的经济管理层通常只了解生产效率的重要性而不了解、不关心资源配置效率的重要性。盲目投资、不考虑效率地投资，结果必定使供需关系失调，既浪费了资源，又浪费了时间。

2. 供给侧结构性改革之所以是消除结构性失衡的有效手段，就因为供给侧结构性改革的亮点是创新驱动。提高资源的配置效率将激发各类企业的内在活力和动力。

3. 这样就避免了过去那种“结构性失衡出现——用行政手段强行砍掉某些项目及对它们的投资——一旦经济情况有所好转，再度投资”。但体制照旧，结构性失衡照常存在。

4. 由此看来，通过市场配置资源，让配置有效，是一个方面。另一个方面的努力，是要让市场推动新兴产业的成长。两种措施配合，就能有效地缓解失衡。

四、寄希望于新农民、新企业家、新管理者和新营销者

1. 以农业产业化、农业现代化扶植的一批批新农民，将涌现出来。他们通过自学和技术、管理、营销培训，走上“现代农民”的新路。同时，鼓励有条件的农户适当地规模经营，能提高生产效率，提高资源配置效率，优化供给。

2. 要扶植新企业家，他们不仅懂得提供新技术、新市场和新服务，而且敢于闯荡，敢于冒风险，还敢于引领创新和创业。特别是一些年轻人敢于打出市场、开辟市场，年长的敢于“二次创业”。他们都是能抓住机遇的人，即使有可能失败，但会重新投入。

3. 中国社会需要懂得现代管理知识、技术和规矩的人，他们可能是创新创业者，也可能是职业经理人，受聘于大企业。他们既具有创新创业者的素质，又有管理人才应当具有的操守。估计在不久的将来，职业经理人会兴盛起来。

4. 中国社会同样需要懂得营销的专家。营销工作中，不仅要熟悉市场变化、消费者心理和消费者群体的走向，而且需要对企业的品牌和信用状况有较准确的了解，这样的专家实际上是不多的，但预计会越来越多。

5. 根据以上的分析，我们可以做出如下的判断：人力资源的开发在中国会逐渐成为热门。不仅如上面指出的，农民、企业家、管理者、营销者都忙于适应市场的需求，还有更多的新人会被培养出来。供给和需求二者的变动规律是：供不应求——供大于求——再度供不应求……这将会成为常态。

（2017年11月22日在新浪网论坛上的发言）

认清我们的优势，发挥我们的优势

学习了中共十九大报告后，听众比过去更加认清了我们的优势何在。可以概括为以下三句话：一是有中国共产党的坚强领导；二是有中国特色的社会主义制度；三是有广大人民对中国共产党的衷心拥护。正是这三点结合在一起，我们才创造了一个又一个奇迹。因此，正如习近平总书记在十九大报告中所指出的：“中华民族伟大复兴，绝不是轻轻松松、敲锣打鼓就能实现的。”尽管“今天我们比历史上任何时期都更接近、更有信心和能力实现中华民族伟大复兴的目标”，但“必须坚持人民主体地位，坚持立党为公、执政为民”，全党为“实现伟大梦想，必须进行伟大斗争”。

下面，我准备就如何发挥我们的优势问题，做一些探讨。

第一，为什么必须大力推进深化供给侧结构性改革？

自中共十八大以来，转换发展方式已经成为中央和广大人民的共识。这里所说的转换发展方式是指：坚决要把过去这么多年坚持的数量型和速度型的发展方式转换成质量型和效益型的发展方式。要知道，建设现代化经济体系，必须把发展经济的着力点放在实体经济上，把提高供给体系质量作为主攻方向，这样才能符合加速调整结构，加快发展先进制造业需求。

因此，供给侧结构性改革在目前的中国还远远没有完成，必须毫不容情地转换发展方式，继续推进结构调整。

什么时候我们完成了转换发展方式的任务，我们才能说：我们终于由高速增长阶段转到了高质量发展阶段。这一任务的完成，同我们的踏实工作有关，也同党和政府的引领和规划有关。

第二，中高速增长的维持是不容易的，能在较长时间内维持中高速增长仍需采取多方面的对策。

对中国而言，由高速增长转变为中高速增长，是转换发展方式所必需的。要知道，由于过去较长时间内一味追求增长速度的惯性仍然存在，真相只不过是浪费资源，使销不出去的商品和资源产品堆满仓库。这对于国内的生产厂家几乎普遍存在压力。

加之，由于国有企业的产品质量差，价格又昂贵，所以它们相继陷入困境。连中高速增长之路也维持不下去，就业问题也难以缓解。

实践告诉中国的国有企业，要保持中高速增长，必须加速改革，并转上质量型和效益型道路。不少民营企业已懂得非创新不可，国有企业还能照老样子走下去么？不下大力气调结构，还能存在下去么？

第三，"三去一降一补"绝不是使命已经结束了。虽然"三去一降一补"越来越困难，但这项工作绝不能到此为止。

2016年以来，中国政府在去产能、去库存、去杠杆、降成本和补短板方面下了不少功夫，取得了成绩。对成绩，应当肯定。但"三去一降一补"并不能从源头上消除中国多年来累积形成的结构性失衡。一方面，这是由于"三去一降一补"是靠政府施压取得成绩的，但只要经济形势稳中向好一些，地方会认为该松一口气了，于是要求放松的呼声又抬头了。另一方面，不同省、市、自治区之间攀比的影响一直存在，没有人关心资源配置效率。结果，不同地方一旦相互攀比，"三去一降一补"就不起作用了。

由此得出一个重要的结论：体制改革、体制转型不能停下来，只有这样才能从根源上化解结构性失衡问题。国有企业中，凡是属于商业性行业的，应加速转为混合所有制，民营企业应受到产权保护，鼓励它们"二次创业"，打开新局面。

第四，农业农村方面虽然已经“三权分置”，调动了农民的积极性，但农业、农村的供给侧结构性改革才刚刚开始，有许多事情要做。

习近平总书记在中共十九大报告中指出，要巩固和完善农村基本经营制度，深化农村土地制度改革，完善承包地“三权分置”制度。“三权分置”，就是落实集体所有权、稳定农户承包权、放活土地经营权。

实行“三权分置”，就是农业和农村中一场新的体制创新。通过“三权分置”，农村土地属于农民集体所有，这是《宪法》明确规定的，必须坚持。农民的土地承包权不可侵犯，不管承包土地如何流转，土地承包权都受到保护，土地承包权属于农户家庭。土地经营权归经营主体使用，经承包户农民同意，经营主体可以依法依规改良土壤，提升地力。

于是在“三权分置”的格局下，农民和经营者的积极性都被大幅度地调动起来了。本轮承包制到期后，再延长30年，使承包户更加踏实、安心。

第五，农业、农村要有新的经营主体，他们将引领中国农业的现代化、农村的现代化。

农业、农村的供给侧结构性改革还未完成，仍在推进之中。

习近平总书记在中共十九大报告中指出：“要构建现代农业产业体系、生产体系、经营体系，完善农业支持保护制度，发展多种形式适度规模经营，培育新型农业经营主体，健全农业社会化服务体系，实现小农户和现代农业发展有机衔接。”这些都是新的改革措施。这样，中国农业、农村的现代化将在新形势下陆续实现。中国农民中的务农者，将成为一种职业，而不再是一种身份。中国的农民将是职业农民，有了他们，现代农业、林业、水产、饲养等蓬勃兴起。农民也有可能成为农业农村的生产服务、生活服务的供给者。

上述这一切，为我们画出美丽中国、富裕中国、强大中国的前景。这一前景来自奋斗，来自实践，来自中国共产党的领导，也来自中国特色社会主义社会的高度自信。

（2017年11月25日在北京大学光华管理学院同博士后的谈话）

实现国家富强、人民富裕
这一光荣而艰巨的历史任务

一、富强的内涵和现实意义

自从鸦片战争以来，中国备受列强的侵略，既贫穷又衰弱。在仁人志士的心目中，他们一直寄希望于国家的富强和人民的富裕，但中国积贫积弱已久，富强之梦始终未能实现。1949年中华人民共和国成立，中华民族从此“站起来”了，但远远还没有做到“富起来”了。同世界上已经实现工业化的国家相比，始终处于贫穷状态。这成了开国一代老革命家的一块心病。他们费尽心血在寻找通向富裕之路，但始终未了却这一心愿。

一个国家的富强，通常以国内生产总值（GDP）的多少来衡量。国内生产总值被经济学界看成是最能反映某个国家是否富强或富强到何种程度的指标。但经济学界逐渐认识到GDP这个指标是不可能真正说明某些国家是否富强的。GDP的结构，也就是

经济的结构，应当比GDP总量更能说明问题。不妨以鸦片战争时期中英两个国家的情况为例。1840年爆发了英国侵略中国的鸦片战争。当时，中国的GDP总量远远大于英国，然而从GDP结构上看，中国和英国的差距却大得惊人。中国的GDP是农产品和手工业品构成的，中国的出口品主要是茶叶、丝绸、瓷器、桐油、猪鬃等。中国也出口棉纺织品，但都是手工纺织的产品。英国却与中国大不相同。1770年左右，英国的工业革命开始了，到1840年鸦片战争爆发之际，英国工业化已进行了70年。英国的GDP中，包括了各种机器设备、蒸汽机、钢铁等。英国的棉织品是机器制造的。英国的主要交通工具已经是火车和轮船，而中国的主要交通工具仍然是马车和帆船。当时欧洲大陆国家正在推进工业化，英国制造的机器设备、蒸汽机、机车、铁轨等便源源不断地输入欧洲大陆国家。英国的GDP结构跟中国不一样，是符合世界科学技术进步潮流的，中国的GDP结构则大大落后于英国。这就充分表明GDP固然重要，但GDP的结构更加重要。今天，虽然中国的GDP总量已经跃居世界第二位，然而GDP的结构同世界发达国家相比，还有一定的差距，因为高新技术产业在GDP的比重方面，我们仍是不足的。加之，我国是一个人口众多的发展中国家，以人口平均的GDP数量来说，我们依然处于中等收入水平。这也是需要赶上的。

由此，我们可以再分析一下与富强密切相关的人力资源总量和人力资源结构问题。在1840年鸦片战争爆发的时候，中国的人口总量大大超过英国，然而人力资源结构却存在严重缺陷，远不如英国。这时的英国离工业革命已经70年了，小学教育在英国已经普及，城乡各地建立了许多中学，另外还创办了一些大学。在英国，年年培养出一批又一批的科学研究人员、工程师、技术工人、经济管理人员、金融方面的专业人员。英国工人的熟练技术是闻名世界的，法国、德国、荷兰、比利时等国家当时正积极推进工业化，它们除了输入英国的资本和进口英国制造的机器设备以外，还输入英国的技工。据历史记载，当时英国铁路已经修了一段时间，所以法国修铁路时，巴黎到鲁昂的铁路要请英国工人来修，法国工人惊呆了。书上记载说，英国工人的工作熟练程度和吃肉的本领比法国人强多了。英国人生活富裕了，工人每餐供应肉，所以英国工人很耐劳，和他们的营养状况改善是有关的。

而中国呢？1840年和以后很多年，中国人口虽多，但人力资源结构不行。在中国，绝大多数农民是文盲，绝大多数妇女是文盲，极少数读书人，读的是“四书”“五经”，目的是为了参加科举。中国当时有几个人懂得近代科学技术？有几个人懂得近代经济管理和企业管理？又有几个人懂得近代金融业务？中英两国人力资源结构的比较切实表明了中国的落后。今天，论GDP总值，中国已居于世界第二位，论人口总量，中国依旧居于世界第一位，但论人力资源的结构，中国同那些西方发达国家相比，差距仍旧很大。比如说，中国的大学毕业生在全国人口总数中所占的比例小于西方发达国家。又如，熟练技工在全国工人中的比例，中国也小于西方发达国家。这表明，人力资源结构的调整同GDP的结构调整一样，都是影响中国实现“富强”目标的重要问题。所以从人力资源结构来说，应该有清醒认识，和GDP总量是世界第二位一样，不能自满，我们还有很大的差距要赶上去。

“富强”作为一个目标，在更大程度上还同制度更新直接有关。2014年是甲午年，回顾120年前发生的中日甲午战争，中国惨败，割地赔款，受尽屈辱。但仔细思考，中国败在何处？败在中国制度的腐败，这是最重要的教训。甲午战争开战之前，论国力，中日相差不大。即以海军来说，中国和日本双方舰队的战斗力几乎不相上下，中国海军之所以惨败，并非由于黄海战役不力，而是由于日军在辽东登陆，中国的陆军畏战畏敌，一触即溃，从而日军得以从陆路包抄威海基地的后背，以致北洋舰队全军覆没。朝鲜境内和辽宁境内的中国陆军简直不堪一击，见敌即溃退。这更能说明中国陆军之腐败，以致日军渡过鸭绿江后即长驱直入，中国陆军节节败退。中国陆军在甲午战争中的惨败，最明显地反映了制度腐败是中国失败的最大原因。无怪乎甲午国耻引起当时中国有识之士深思，以为非变法改制不足以拯救国家于危亡之中。由此看来，对于既贫又弱的中国来说，调整GDP结构固然重要，大力发展教育和培养人才固然重要，但制度不改，腐败不除，中国从贫穷转为富强是不可能真正实现的。

辛亥革命结束了清朝的封建专制统治，但中国贫弱依旧。“五四运动”唤醒了中华民族，中国共产党成立了。在中国共产党领导下，中国人民经过长时期的探索和奋斗，终于击败了日本军国主义的侵略，推翻了国民党政权的专制统治。在以毛泽东为核心的中国共产党第一代领导集体的共同努力下，1949年建立了中华人民共和国，中华民族经过一百多年的艰苦奋斗，从此“站起来”了。但在如何使中国富强起来的问题上，却并未找到一条正确的道路。虽然第一代领导人有他们自身的局限性，但在新中国成立后选择了计划经济体制也反映了时代的特点。要知道，新中国成立之初，西方帝国主义列强敌视新中国，排斥新中国，封锁新中国，逼迫我们唯有向苏联学习，朝苏联靠拢。既然如此，中国只有照搬苏联实行的计划经济体制，照搬高度集权的政府管理经济的做法。当时中国的领导集体这样做，是完全可以理解的。假定当时不向苏联学习，那向谁学习呢？机器从苏联买，专家从苏联聘，这就是中国走上计划经济的必然性，之所以现在不能轻易地说“当时怎么选了这样一条路？”是因为当时有当时的情况。

计划经济体制的实行，虽然顺应了当时的国际国内政治形势，但使中国长期停滞在“既不富，也不强”的状态。再加上“十年动乱”，到20世纪中叶，中国已进入国民经济濒临崩溃的困难境地。

以邓小平为核心的中国共产党第二代领导集体，深入中国实际，参照第二次世界大战结束以来西方发达国家继续推进工业化、现代化的经验，提出了建立中国特色社会主义的理论和改革思路。在思想路线上，重温“实事求是”的原则，在全国范围内展开“实践是检验真理的唯一标准”的大讨论，正确地评价改革开放之前的三十年，提出了改革开放的大方针，从而中国开始了以“富强”为目标的新的历史进程。这也是习近平同志最近常说的“我们既要看过去，也要认真总结过去”，过去有过去时代的特点，但忘掉中国前三十年是怎么“站起来”的，是不行的，既要懂得“站起来”的经过，也要懂得“富起来”的经过，“富强富强，又富又强”，这是我们应该从过去得出的好经验。

邓小平指出，从总体上看，20世纪80年代世界正处于和平与发展的时期，中国一定要抓紧这个机会，使经济进一步发展。为此，中国应加快改革和开放的步伐。改革，是指对不适应生产力发展的计划经济体制进行改革；开放，是指要向西方发达国家学习一切科学技术的新成就和成功的经验，使中国经济的发展能跟上世界的步伐，进入富强的行列。正是在中国特色社会主义理论的指导下，中国的经济发展从20世纪90年代初开始，转入了快车道。中国人民的生活水平也在经济改革和发展过程中由温饱状态进入小康阶段。在这段时间内逐渐接近了富强的目标。从实践中，中国人普遍认识到，没有改革和开放，中国不会取得如此巨大的成就——举世瞩目的成就。

中国共产党第十八次全国代表大会和中共十八届三中全会对中共十一届三中全会（1978年召开）以来35年的改革开放做了总结，指出当时的基本任务是全面深化改革，高举中国特色社会主义伟大旗帜，进一步解放思想，解放和发展社会生产力，解放和增强社会活力，坚决破除各方面体制机制弊端，努力开拓中国特色社会主义事业更加广阔的前景。在中共十八大以来的历次讲话中，习近平同志提出了民族复兴的战略思想，围绕着新中国如何在世界舞台成功崛起、中华民族如何在新的历史条件下胜利更新等重大问题进行了论述。这是对中国实现“富强”目标的新的阐述。

根据习近平同志的阐述，为什么强调“成功崛起”而没有使用“和平崛起”的概念，是因为“和平崛起”要依赖国际的和平形势，并不是中国一个国家走和平发展道路就能实现的。如果世界上别的国家不让中国和平发展，中国和平崛起的愿望无法实现，中国核心利益被践踏，中国绝不会因此而屈服，中国将为捍卫国家利益而坚决斗争，这样，中国仍将“成功崛起”，但并非仅限于“和平崛起”。“成功崛起”取决于自己，“和平崛起”取决于国际形势。

从这里，我们对“富强”目标的理解就深入了。“富强”始终是同民族复兴大业结合在一起的，“富强”包含在中华民族复兴的伟大战略之中。“富强”是我们的愿望，和平发展也是我们的愿望，但这都必须符合国家的核心利益。离开了民族复兴大业，“富强”是谈不上什么时候可以实现的。

二、两大历史任务和中国人民的不懈追求

当我们着眼于实现“富强”目标的时刻，我们一定不能忘记历史赋予中国人民的两大任务。一个任务是争取民族独立、人民解放，另一个任务是实现国家富强、人民富裕。中国人民革命事业的第一代领导集体和第二代领导集体所致力的，正是带领全国

各族人民为实现这两大历史任务而不懈奋斗。这就是中国共产党的历史发展的主题和主线。

在上述两大历史任务中，民族独立、人民解放是前提。没有民族独立，没有人民解放，无论是国家富裕还是人民富裕都依然是一种愿望，无法实现。这清楚地告诉我们没有第一代领导集体的共同努力，团结一致，民族独立和人民解放是实现不了的。中国各族人民之所以牢记以毛泽东为核心的第一代领导集体的丰功伟绩，正因为他们争取和实现民族独立和人民解放的事业为我们奠定了基础。

我们同样不会忘记以邓小平为核心的第二代领导集体的丰功伟绩。试想，在经历了“十年动乱”之后，在国民经济濒临于崩溃之际，幸亏在第二代领导集体的率领下，拨乱反正，坚持实事求是原则，使中国走上了改革开放的道路，既明确了中国特色社会主义的道路是我们前进的方向，又带领中国各族人民大踏步地赶上了时代前进的步伐，为全面建成小康社会，进而建成社会主义现代化国家奠定了基础。

实际上，从1979年起，在改革开放方针的指引下，中国已开始进入双重转型阶段。双重转型指的是体制转型和发展转型的结合或重叠。体制转型就是从计划经济体制转向社会主义市场经济体制。发展转型就是从传统的农业社会转向工业社会、现代化社会。在这里强调一下，所有西方发展经济学中，虽然是厚厚的一本书，但实际上它考察的是发展转型。西方发展经济学产生于第二次世界大战快结束时——1944年左右，一些西方经济学家认识到战后可能有一批殖民地附属国会独立，走上发展中国家道路。发展中国家是由农业社会走向工业社会，所以发展经济学主要从这方面进行探讨。比如要解决资本问题，而发展中国家资本不足；土地分配问题，而以前是资本主义国家在统治；人才问题、对外贸易问题，而以前是出口一些当地种植园产品、土地产品。发展经济学家没有想到过双重转型问题。

因此，双重转型的结合或重叠是没有前例的。从1979年到21世纪最初的10年，中国在改革开放的进程中，也就是在中国经济双重转型的进程中，积累了一些经验。这些经验可以归结如下：

第一，在中国经济的双重转型中，重点是体制转型，且是以体制转型牵动发展转型。这是因为，计划经济体制对中国经济的束缚和限制是全面的，如果不打破计划经济体制的束缚和限制，中国不仅不可能实现传统农业社会向工业社会的转变，而且中国转型成为现代化国家的目标也是无法实现的。

所有的发展中国家由农业社会向工业社会转型的过程中，都是不可能走回头路的。因为它们摆脱的是前资本主义的生产方式，在西方经济学的引导下，建设资本主义城市，进入资本主义道路，除了地主没人想回到前资本主义社会，过被奴役的生活。所以，走得慢是一回事，但不可能倒退。然而中国的体制转轨是有可能倒退的，这也是为什么一定要解放思想。之所以20世纪80年代产生那么激烈的争论，一直到邓小平1992年春天南方谈话后中国才定下来，接着召开十四大，把社会主义市场经济定为目标，是因为当时在争论计划经济的好处，苏联还没有解体。

但实际上计划经济体制对进一步工业化是一种障碍。80年代的改革开放是不容易的，80年代是一个探索的年代，各种言论交锋的年代。到了90年代，十四大正式提出社会主义市场经济体制是目标，这是巨大的变化。

第二，经济增长的同时改善民生。改善民生是缩小城乡居民收入差距和缩小地方收入差距的重要途径。根据中国的实际情况，尤其要关心就业问题。这是因为，农村劳动力大量向沿海和城市转移是转型时期不可回避的现象。宏观经济政策目标中，就业是重中之重。

第三，必须不断自主创新，促进产业升级。在双重转型中，要不断提高企业的竞争力，即提高企业竞争力的核心是鼓励自主创新。同时，产业升级也离不开企业的自主创新。

第四，产权改革是最重要的改革，也是必不可少的改革。在双重转型中，必须把产权清晰化、明确化放在改革的首位。无论对现有的企业、新建的企业，还是对城乡居民来说，产权模糊不清，投资主体不明确，都是有碍于经济活力的增长的。对广大农民来说，土地权益和住房产权都需要确定，而且确权工作在农村应当落实到户。这既有利于保障农民的合法权益，也能使农民获得财产性收入，用于改善生活，调动农民扩大再生产和创业的积极性。

第五，大力发展民营经济，鼓励建立更多的中、小、微企业。应当认识到，民营经济是社会主义经济的重要组成部分。在双重转型过程中，大力发展民营经济，鼓励建立更多的中、小、微企业，不仅是为了缓解就业压力，更主要是为了调动民间的积极性，调动民间资本的潜力，让民间资本发挥更大的作用。

第六，城镇化是今后若干年内最有潜力的投资机会。在中国双重转型阶段，城镇化首先是一场体制的转型，即城镇化旨在破除城乡二元体制，包括城乡二元户籍制度，使农民户籍与城镇户籍合而为一，这样就能使农民充分享受到改革开放的成果，城乡居民权利平等。城镇化也是一场持续促进投资增长和消费增长的绝好机会，它将对中国经济的持久繁荣起着带动、引领作用。通过城镇化，农民不再是一种身份，而成为一种职业。中国将会涌现大量掌握先进农业技术又善于经营的家庭农场主和多种形式的农民专业合作社，中国的农业现代化和农业产业化也将在这个过程中实现。

以上所概括的就是中国双重模型的特征，也是中国从计划经济体制转向社会主义市场经济体制，从传统农业社会转向工业社会、现代化社会的必经之路。

2013年召开的中共十八届三中全会通过了《中共中央关于全面深化改革若干重大问题的决定》（以下简称《决定》），《决定》指出“实践发展永无止境，解放思想永无止境”。我们正面临着新形势和新任务，为此必须在新的历史起点上全面深化改革。据我个人学习《决定》后的体会，有两点是至关重要的。它直接影响今后改革的全局。其中，一是市场在资源配置中起决定性作用的论述，二是提出要积极发展混合所有制的论述，现将我的体会阐述如下。

首先，关于市场在资源配置中起决定性作用。

有关政府还是市场在资源配置中起决定性作用的问题，学术界历来有三种基本观点：一是政府在资源配置中起决定性作用，二是政府和市场共同在市场资源配置中起决定性作用，三是市场在资源配置中起决定性作用。三种观点多少年来一直争论不休。

上述第一种观点，即认为政府应在资源配置中起决定性作用，已被历史证明是低效率的，其结果必定是资源配置失调，产品质量低下，浪费资源，并压制了公众的积极性和主动性。上述第二种观点，即认为政府和市场共同在市场资源配置中起决定性作用，也被历史证明是无效率的。这是因为，一旦政府对资源配置进行直接的干预，市场是不可能同政府平起平坐的，市场必将退缩，甚至失去其应有的作用。另一缺陷在于：这可能是理论家的一种理想，实际上是难以做到“政府和市场共同在资源配置中起决定性作用的”，因为政府是强势，市场处于劣势，政府必然会依靠自己的强势地位，处处取市场而代之。

只有上述第三种观点，即认为市场应在资源的配置中起决定性作用，才符合市场经济规律。关键在于政府和市场之间的界限如何正确地划分。政府应当做好政府该做的事情，市场则做自己可以做的事情。市场做得不好、做不了或不愿做的事，由政府来做，这样，政府和市场之间的界限就清楚了。那么，什么是市场做不好或做不了的事情呢？比如说，公共产品的供给（国防、司法、治安、义务教育、社会保障等）、区域均衡发展、个人收入分配协调、宏观经济调控、稀缺物资的分配、社会经济发展规划，等等。什么是市场不愿做的事情呢？例如社会效益虽大，但经济效益较小，甚至接近于零的事情。像基础理论研究而并非应用科学研究，市场一般是不愿从事的。

政府和市场的界限划清之后，政府和市场的分工就明确了。当市场在资源配置中起决定性作用之后，政府实际上仍起着引领、规划、监督等方面的作用。政府的这些作用并不等于政府取代了市场在资源配置中的决定性作用，而是使市场在资源配置中的决定性作用发挥得更好，使市场的效率得以不断提高。

由此可见，市场在资源配置中起决定性作用的提出，是社会主义经济理论的重大创新。

下面再谈谈我在学习《决定》之后的第二个体会，即关于积极发展混合所有制的论述的体会。我认为这也是社会主义经济理论的一个重大创新，因为我们长时期以来对经济采取简单化的两分法，似乎非东即西，非红即白，非公即私，而不了解客观上往往存在着广阔的中间地带，即公私兼有的混合所有制经济，而且即使在公有制之中或在私有制之中，也还存在不同的形式。

为什么当前迫切需要发展混合所有制经济？让我们从资源配置效率的概念谈起。在经济学中，生产效率一直是人们关注的重点。生产效率指的是投入产出之间的关系：有投入，才有产出；如果投入减少，产出能维持原状，或者，如果产出增加，而投入能维持原状，都表明生产效率提高了，因此，生产效率是必须重视的。20世纪30年代以后，尤其是第二次世界大战结束后，经济学中出现了第二种效率概念，这就是资源配置效率。资源配置效率是指：如果投入为既定的，以不同方式配置资源，将会有不同的效率，因此资源配置效率实际上比生产效率更重要。生产效率主要以微观经济的角度来进行分析，而资源配置效率则不仅适用于微观经济单位的分析（如一个企业内部如何提高资源配置效率），更适合于从宏观经济的角度来分析效率问题。也就是说，只有从宏观经济层面上把资源激活，使资源配置更合理、更有效，才能使资源配置的效率不断提升。

资本的实力不在于资本存量的多少，而在于资本的控制力大小。假定某家国有独资公司的资本存量为1000亿元，百分之百为国有资本，那么国有资本的控制力只是1000亿元。在股权分散的条件下，如果25%的资本就能相对控股，国有资本的控制力将增为4000亿元，这就是国有资本控制力的成倍扩大。所以说，建立混合所有制企业并在这个过程中减持国有股，不是国有资产的流失，而恰恰是国有资本重新配置、优化配置的一种方式，是提高国有资本配置效率的一个步骤。

有人担心“建立和发展混合所有制经济是一种‘国退民进’的行为”。这种说法是不正确的。说“民进”，是对的；说“国退”，却不符合实际，因为我们并不死死盯着某一个竞争性行业中的具体国有企业，而是以国有资本存量的盘活、激活和国有资本配置效率的提高为着眼点。不妨设想一下，国有资本目前的存量有多少万亿元。资源被低效率使用，甚至闲置不用，这都是损失，所以，提高国有资本的配置效率非常重要。走混合所有制道路，把国有资本搞活，应当是“国进”而不是“国退”，应当是

“国进民也进”，而不是“国退民进”。

需要着重指出的是，发展混合所有制经济的关键在于建立完善的公司法人治理结构，而不仅仅是投资主体的多元化或公司的股份化。一家国有企业通过改制而成为多元投资主体的股份制企业，甚至成为上市的股份公司，这至多只能被认为在混合所有制经济的道路上迈出了第一步，不要以为这样一来它就成了独立自主的市场主体。如果公司法人治理结构尚未建立，或只是名义上建立了公司法人治理结构，实际上法人治理结构既不完善，又不规划运作，以致形同虚设，那就不符合现代企业制度的要求，因此公司还必须继续深化改革，使股东会、董事会、监事会正常发挥作用，总经理聘任制、任期制、责任制也要落到实处。

关于当前的混合所有制经济的进展，还遇到一个实际障碍，即无论是国有企业一方还是民营企业或民间投资者一方，都存在着这种或那种疑虑，从而在组成混合所有制企业的过程中不敢轻言参股。民营企业或民间投资者担心自己的企业或投资被强有力的国企大企业吞并，国有企业的负责人则不敢主动地同民营企业商议合组新公司等事项，害怕以后被审查，担心有人说“贱卖国有资产”“导致国有资产流失”“有受贿嫌疑”，从而“多一事不如少一事”，以免遭到怀疑。其实，这可能有三个原因：一是法律法规还不健全，在国有企业和民营企业商议过程中会遇到法律法规不健全的状况而引起怀疑；二是对中央的方针和政策措施不了解或领会不深，因此“疑”字当头，怕犯错误；三是现实生活中成功的案例不多，使国有企业负责人往往不知道从何着手，所以一遇到困难就退缩了。从这些情况可以了解到，在今后一段时间内，有必要加快相关法律法规的制定和公布，有必要认真学习中央的方针和政策措施，吃透十八届三中全会《决定》的精神。此外，还有必要在中央有关部门联合工商界搞成一些发展混合所有制的成功案例，用这些成功案例推动改革的进程。

三、论贫穷不是社会主义

邓小平同志曾经提出："社会主义的本质是解放生产力，发展生产力，消灭剥削，消除两极分化，最终达到共同富裕。"关于社会主义的特点，邓小平同志认为："社会主义的特点不是穷，而是富"；"贫穷不是社会主义，发展太慢也不是社会主义"；"社会主义必须摆脱贫穷。"邓小平同志1978年9月16日在听取吉林省委常委汇报工作时说："按照历史唯物主义的观点来讲，正确的政治领导的成果归根到底要表现在社会生产力的发展上，人民物质文化生活的改善上。如果在一个很长的历史时期内，社会主义国家生产力发展的速度比资本主义国家慢，还谈什么优越性？"邓小平同志对社会主义的本质、社会主义的特点的上述论述，清楚地告诉我们，既然贫穷不是社会主义，那么消除贫困现象，让国家富强和人民富裕必将成为社会主义建设的主要任务，否则社会主义制度的优越性如何表现出来？

改革开放以来，我们一直在两个重大问题上进行深入的探讨。一是为什么贫困现象会长期存在？深层次的原因究竟是什么？二是怎样消除贫困现象，怎样使广大的低收入家庭摆脱贫困，走上逐渐富裕的道路？现在，可以把改革开放30多年来我们对这两个重大问题的探讨的收获汇报如下：

第一，在新中国成立后这么多年来，贫困现象为什么会长期存在？

改革开放以来，北京大学师生曾多次到中西部地区，尤其是乌蒙山区、武陵山区、秦巴山区和祁连山区进行调研，发现最贫困的是这些山区农民。这些农民不仅收入微薄，生活困难，而且他们同城市居民之间的收入差距在长时间内有扩大的趋势。为了说明他们贫困的原因，有必要从经济学中的三种资本概念谈起。这三种资本是：物质资本、人力资本和社会资本。

1. 物质资本。物质资本是货币转化而来的。货币投入转化为生产资料，转化为住房。有了住房，可以安居下来，生活安定。但城市居民和农民在物质资本方面的差距却难以缩小，甚至有扩大的趋势。

以土地和房产来说，城里的土地是国有的，祖传的房屋有产权，可以用于抵押。城里人想创业，房屋一抵押，一笔钱就到手了，可以用于投资作坊、商店，小本经营就开办了，创业也就开始了。而农民则不一样，土地是集体所有的，实际上农民没有产权，除改革试验区以外，农民自己的房屋不能用来抵押，承包的土地也不能抵押。农民没有物质资本，只能长期生活于贫困之中。

2. 人力资本。按照经济学的定义，人力资本是由体现在人身上的技术、知识、智慧和经验所构成。人力资本的形成有多种途径，最重要的是靠教育。一个人进入各级各类学校，学到了知识、技术，才能增加人力资本。工作以后，继续学习，积累了经验，自身素质提高了，这也意味着人力资本的增加。但问题在于教育资源的配置是非均匀的。城里的学校，投资多，经费足，师资好，设备也齐全。农村的孩子上学，学校差，设备差，师资力量又不足，这样，农民的孩子受教育的条件显然不如城里人的孩子。这必然影响农村年轻人的就业、收入状况和未来的就业前景、收入前景。

3. 社会资本。这里所谈的社会资本是一种无形的资本，是人际关系。一个人有没有社会资本，有多少社会资本，是很重要的。农民的社会资本要比城里人的社会资本少得多。城里人，要想闯荡市场，自己创业，总有熟人，什么“亲戚的亲戚”“朋友的朋友”，都会帮一把，拉一把。只要你人缘好，又勤奋，又讲信用，总有出路。农民却不能这样，他们的熟人少，亲戚同自己一样也住在乡下，与市场无缘。特别是住在山沟里的农民，谁也不认识，对市场经济谁也不熟悉，一旦踏进了市场，有什么社会资本可利用？这样，城乡居民的收入差距不可能不扩大。

正因为城里人和农民无论在物质资本方面、在人力资本方面，还是在社会资本方面都有很大的差距，所以城乡收入之比在改革开放之后会越来越大，是不奇怪的。

北京大学师生在一些贫困山区进行调研后发现，“能人外迁，弱者沉淀”的现象十分普遍。“能人外迁”是指：在这些贫困山区，村里凡是有本事的人，与城里有关系的人，都进城了，做工的做工，开作坊的开作坊，做买卖的做买卖。留在农村的是老弱病残。如果他们还在农村种地，产量低，收入少，连生活都难以持续，于是就出现了“老人无人赡养”“病人无人照顾”“儿童无人抚育”等一系列社会问题。

第二，怎样消除贫困现象，使这些低收入的农民摆脱贫困，逐渐走上富裕的道路？国家对贫困地区、山区、西南西北自然条件差的地区加大扶贫救济的力度，无疑是重要的。中央政府和各级地方政府近年来正在这样做，也取得了不少成绩，这也是有目共睹的。但更重要的农村改革措施就是土地确权。

1. 土地确权。土地确权是当前中国新一轮农村改革的开始。从20世纪50年代后起，由于计划经济体制的确立，户籍分化为城市户籍和农村户籍，城乡二元体制形成了，城乡也就被人为地割裂开来。80年代初，当全国都在积极推广农村家庭承包制，调动农民生产的积极性，并为乡镇企业的兴起和农业劳动力外出务工创造条件时，城乡二元体制仍然存在，二元户籍也没有改变。当时的改革重心正在从农村向城市转移，国有企业体制改革（承包制还是股份制）成为全社会关注的热点。这显然是主要的改革部署。相对而言，农村的改革被忽视了、耽误了，主要原因是当时农村进一步改革的必要性未受重视。

直到进入21世纪，集体林权制度改革启动，这起到了重要的示范作用。集体林权落实到户，林权证发到林农手中，这就是土地确权。林权可以抵押，林农可以自办家庭林场，也可以在自愿的基础上组建林业合作社，林区经济活了，林农的积极性被调动起来。集体林权改革的成就使农村新一轮的改革受到启示和激励。于是，由此展开了农村土地确权。

据全国政协经济委员会调研组在浙江某市的调研，当地农民热烈拥护土地确权工作的开展，首先是认定土地确权之后可以确实保护农民的财产权益。要知道，在土地集体所有的名义下，农民承包的土地和宅基地以及宅基地上的房屋（不管是祖辈留下的房屋，还是近年来农民自己花钱建造的房屋）都不被承认是自有的房屋，更不必说经过自己多年劳动而已经日益肥沃的承包农田了。政府和大企业如果决定拆房占地，农田承包户只好听从安排，让出承包地和宅基地，眼睁睁地看着宅基地上的老房新房一起被拆除。而农民所得到的补偿费，则远远低于市场价格。这就使各地几乎都有抗占地、抗圈地、抗强拆民居的事件的发生。

因此，在中国农村，作为试验的土地确权对农民来说最重要的，就是使农民的财产权益得到保障。土地确权后，农民就具有三权三证。三权是：农民承包土地的经营权、农民宅基地的使用权、农民在宅基地上自建住房的房产权；三证是：农民承包土地经营权证、农民宅基地使用权证、农民在宅基地上自建住房的房产证。农民的三权三证是受到法律保护的。有了法律的保护，任何人或单位都不得随意占有农民的承包地、宅基地和宅基地上的房屋。如果要征用农民的土地和拆迁农民的房屋，必须严格按照法定程序行事，需要以农民作为一方，政府或政府同意下的企事业单位作为另一方的双方协商，按双方同意的价格成交，以合同为据。这样，农民的心里就踏实了，因为他们的权益就得到了维护。

2. 土地流转。土地流转是农民土地经营权、使用权的一种体现。近年来，土地流转已经在中国广大农村逐渐推广，或转包，或租赁，或委托经营，或土地折股加入农民事业合作社、工商企业、农业企业，等等。一个需要严格遵守的条件是不改变土地使用方向，目的是不让本来有限的耕地或农村建房用地改作他用。一些外出务工、开店开作坊、经营商业的农村居民认为，与其让自己的承包土地闲置或由留守农村的老人以低效率方式自种自收自销，还不如进行土地流转，从而可以取得更多的收入。

据北京大学师生在一些省市的调研，发现从事土地流转的农民普遍存在的一个顾虑，就是心里不踏实，即久而久之，流转出去的承包地还属不属于自己？他们以为，这些转包或租赁的土地、委托经营的土地甚至折股入社的土地，将来能不能照常收取转包费和租金？能不能收回自营？他们之所以特别看重农村的土地确权工作，正是因为土地确权后三权三证到手了，心里有了底线，不再担心产权化为乌有了。这样，土地确权与土地流转结合在一起了，农民放心了，土地流转的面积也就逐年扩大。

3. 农民收入增加和乡城收入距离缩小。我们在浙江嘉兴市做了调查。土地确权以后，农民收入增长幅度很大，城乡收入距离明显缩小了。嘉兴市的土地确权工作已顺利结束，据市里初步测算，土地确权以前，嘉兴市的城市人均收入与农村人均收入之比为3.1∶1；土地确权之后，城市人均收入与农村人均收入之比为1.9∶1。城乡人均收入之比的变化，不是因为城市人均收入下降了，而是因为农村人均收入上升了。我们在嘉兴市所属的平湖市就这个问题进行深入一步的调查，发现当地农村人均收入增长的原因大体如下。

一是土地确权以后，农民的财产权明确了，生产经营的信心大增，他们的积极性被充分调动起来，潜力得以发挥。

二是通过土地流转，农民不仅获得了转包费、租金，而且纷纷外出务工或经营小本生意，收入增多了。

三是农民在宅基地上，拆旧屋，建新房，一般有四层，自己住两层，出租给外地来开店的客人两层（包括一楼的店面），收入增长很快。

四是有些务农有专长的农民，通过土地流转，建立家庭林场、家庭饲养场，走规模经营道路，增加了收入。

五是一些农民参加了农民专业合作社，既有工资收入（在合作社内担任一定的工作，如管理、耕种、养殖），又有股份分红的收入。

由此看来，土地确权的确是让农民致富和缩小城乡收入差距的有效方式。

4. 农业产业化。今后谁来种田？人们提出这样的问题，主要考虑到这样两个情况，一是前面已经提到的：农村中的青壮年纷纷外出打工或经商去了，只有老弱病残才继续种田，难道今后中国的农业就靠这些人？二是从事农业收入太低，谁愿意种田？

实际上，要用发展的眼光，要从改革的角度来思考这个问题。一种新的现象正在中国农村涌现，这就是：想种田、种好田的，大有人在，现在已经露出苗头。至少有以下三种人是积极准备从事农业，并准备引领中国农业走上产业化道路的。哪三种人？家庭农场主，农民专业合作社社员，农业企业家。

先说家庭农场主，他们是农村中的一些能人、种植或养殖能手，有些人通过土地流转已走上规模经营道路。家庭农场主在中国农村中是新生力量，他们是新式农民。经过户籍制度的改革以后，二元户籍制度已经一元了。这些家庭农场主，通过农业机械化的耕作和收获，劳动生产率大大提高，他们是实现农业生产化的主要力量，他们自身的收入也会随着家庭农场的进一步发展而提高。

再谈农民专业合作社，他们是农民们在村里的能人带头之下而聚集在一起的，是按照正规方式组织起来的。农民把土地折股加入到合作社，根据当地的土质、气候条件、水利灌溉状况和交通便利程度而种植适当的作物。我们曾在重庆市的梁平县、长寿区、江津区考察过柑橘、西瓜、茶叶、蔬菜专业合作社，发现参加合作社的农民积极性很高，收入增长较快。只是由于这些合作社新创立不久，资金较少，一是有待于农村金融机构予以扶持，二是设法组织联社，扩大规模，扩大营销。

最后谈一谈农业企业。这里所说的农业企业主要是指以农业为经营方向的民营企业。它们带资本下乡，带技术下乡，以租赁等方式从农民那里租到土地，从事农业生产和经营。经营的范围因地而异，但都是国内外市场所需要的农业产品。它们有自己的技术队伍，又有自己的营销渠道。当地的农民把土地租给这些农业企业后，愿意外出打工的就外出打工，土地的租金成为他们的收入的一部分，不愿意外出打工的就同这些农业企业签订合同，领取工资，成为合同工，生活有较大的改善。主要的问题是农民所出租的土地必须不改变使用方向，不得用于房地产业或工业。

由此看来，一支新型的农业生产队伍正在中国广大的农村逐渐成长起来，这是中国农业的希望。多年以来困扰着我们的中国农业生产率低、农民收入少、城乡收入差距大、“能人外迁、弱者沉淀”等现象，将随着土地确权、农业产业化和现代化、二元户籍制度的一元化等改革措施的推进而逐渐变化。可以设想，只要务农者的收入增长了，农村和农民也都会以崭新的面貌呈现在我们的面前。至于下一代的农家子弟是不是必定从事农业生产呢？那就很难说了。农民的孩子是不是一定留在农村，一定务农呢？那也说不定。随着教育资源配置的均衡化，农村的学校将大大改善，农村的孩子听其自愿，他愿到哪个行业工作，由他们自己做主。如果农民的孩子愿意继承父业，做一个新型的家庭农场主，那就必须具备足够的资格，因为充当家庭农场主是要经过资格考试的。土地可以流转，流转出去的土地的主人难道会把土地转包给一个种田不精、农业技术不精的人吗？让农业技术能手来经营，流转土地的主人才会放心。他们是有选择的。目前在江苏、浙江、上海一带，已经出现这种选择转包人、选择承租者的现象了。

只有广大农民走上了致富之路，我们才能真正领会当初邓小平同志所说的“贫穷不是社会主义”这句名言的真正含义。

四、“两个一百年”的奋斗目标和“中国梦”的实现

中国的成功崛起是一个漫长的历程。从1840年鸦片战争算起，到2014年已经174年了。中国从一个受到列强欺侮、羞辱的积贫积弱的国家成为一个既“站起来”又“富起来”的国家，其间有多少仁人志士为此呕心沥血，甚至献出了宝贵的生命。然而，我们在民族复兴和强国富民的进程中还有不少路要走。“两个一百年”是中国共产党第十八次全国代表大会提出的奋斗目标，同“中国梦”相辅相成。“两个一百年”是指：

第一个一百年，即到2021年中国共产党成立一百年时，全面建成小康社会的目标一定能够实现。

第二个一百年，即到2049年新中国成立一百年时，中华民族伟大复兴的梦想一定能够实现。

党的十八大召开不久，习近平同志在参观《复兴之路》展览时提出和阐释了“中国梦”。习近平同志指出：“每个人都有理想和追求，都有自己的梦想。现在，大家都在讨论中国梦，我认为，实现中华民族伟大复兴，就是中华民族近代以来最伟大的

梦想。”他阐述了“中国梦”的内涵：“这个梦想，凝聚了几代中国人的心愿，体现了中华民族和中国人民的整体利益，是每一个中华儿女的共同期盼”，这个梦的“核心内涵是中华民族伟大复兴”，也就是说，“在新的历史时期，中国梦的本质是国家富裕、民族振兴、人民幸福”，它“承载着全体中华儿女的共同向往，昭示着国家富强，民族振兴、人民幸福的美好前景。”

为了实现这“两个一百年”的奋斗目标，为了实现中华儿女共同的“中国梦”，现阶段有哪几项工作是必不可少的？据我最近一段时间在一些省市的调查、分析，认为有以下四项：一是转变经济发展方式；二是树立新常态的观念；三是按公平和效率并重的原则推进城镇化；四是争取实现最大的制度红利——社会和谐红利。现分别论述如下。

（一）转变经济发展方式

在今后一段时间内，西方发达国家鉴于2008年以来频繁发生的国际金融危机的教训，都把提高自主创新活力，以创新驱动经济发展，实现工业化、现代化和信息化的融合作为努力的方向。这对我们有很大的启示。

回顾20世纪50年代中国经济发展的历程，可以清楚地看到中国经济发展实际上尚未摆脱粗放型增长的老路，结果在自主创新方面落后于西方发达国家。比如说，原材料和能源消耗率高于西方发达国家一大截。再以制造业来说，有两个明显的例证。一个例子是：到20世纪末，我们在传统电视机制造方面已经居于世界前列，但对于新型电视机却没有给予足够的重视，结果，进入21世纪后，国际上新型电视机普遍替代了传统电视机，我们丢掉了不少市场，于是激起我们紧跟快赶，十年之后才使情况有所好转。另一个例子是：到20世纪末，我们已经在国际照相机制造业方面处于世界领先地位，同样地，进入21世纪以后，数码照相机取代了传统照相机，相形之下，我们又落后了一大步，不得不迎头赶上。这两个例子都表明，经济发展方式必须以自主创新为主，必须毫不动摇地走创新驱动发展的道路，否则我们难以实现世界工业强国之梦，也无法占领国际制造业市场的制高点。

与此同时，我们应当把推行绿色低碳生产方式作为转变经济发展方式的重要方向。在工业化和现代化实现过程中，一定要推动工业文明、现代文明和生态文明的协调发展，力求做到生产过程清洁化和资源利用高效化，尽可能减少废水、废气、废渣的排放，构建节约、清洁、安全、低碳的绿色生产体系。这样才能实现经济和社会的可持续发展。

（二）树立新常态的观念

以往长时期内中国的GDP高增长率既来自粗放型、数量型的经济发展方式，又来自廉价劳动力的大量使用和不可再生资源的无限制使用，因此在经济高速增长的同时我们付出的代价十分巨大。付出的代价是什么？简要地说，一是经济结构的不合理，二是资源消耗过多，三是劳动生产率低下，四是生态环境遭较大破坏，五是某些产业和某些产品生产的产能过剩严重。除此之外，还有一个显著的弊病，即为了达到预定的高增长率目标而错过了国内调整结构和改革不合理体制的最佳时机。

从世界上已经工业化的国家的经济增长过程来说，一个国家短期内可以实现较高的经济增长率，但增长高峰期一过，增长速度将不可避免地降低而变为适度增长。对中国来说，近年来经济增长率的适度降低，是符合经济规律的。关键是：7%左右，甚至6.6%~7%的增长率，依然属于高速范围内，在全世界依然处于前列。换言之，只要今后保持有增长质量的增长率，同结构调整方向相适应的增长率，有利于区域协调发展的增长率，是正常的、符合中国国情的。为此，宏观经济调控的方式要相应地调整，要稳中有序，稳中有结构调整，就行了。这就是新常态。经济不要大升大降，不要大起大落，宏观经济调控应重在微调、预调，这就是保持新常态所必需的。

在这里，有必要说明一下为什么国内一些经济学家建议把GDP增长目标改变为预测值（预期值）。理由是：政府（包括中央政府和地方各级政府）下达硬性GDP增长目标会产生以下四个弊病：

第一，硬性GDP增长目标的制定和下达，往往成为各级政府的压力，它们不顾客观经济形势已经变化，仍为维持既定经济增长目标的实现而竭尽全力，结果导致经济增长质量下降，导致资源浪费和成本上升，并使结构进一步不合理。

第二，硬性GDP增长目标的制定和下达，还将导致产能过剩和政府负债增多，使下一步的经济结构调整更加困难。

第三，硬性GDP增长目标的制定和下达，会迫使宏观经济调控重新走上摇摆不定的老路，使宏观经济调控以微调、预调为主的方针难以兑现。

第四，硬性GDP增长目标的制定和下达，是不符合中共十八届三中全会有关发挥市场在资源配置中起决定作用的原则的，很容易导致行政干预的强化，导致市场规律的破坏。

总之，在当前的世界主要经济体中，我国是唯一制定硬性GDP增长目标的主要经济体。其他主要经济体先后都已改为预测短期GDP的增长率，并根据经济运行状况而经常修改经济增长预测值，以免被动。所以，我国也应当适时把GDP增长由硬指标改为软指标（即每年或每季度调整预测值），有利于经济较稳定的增长，把经济工作的重心转到调整结构和提高经济增长质量方面来。

（三）按公平和效率并重的原则推进城镇化

迄今为止，中国的城镇化率还不到40%。尽管按照城镇常住居民统计，城镇常住居民人数已占城镇全部人口的50%以上，但这不足为凭，因为包括农民工及其配偶、子女和所赡养的老人都仍然是农村户籍，他们无法享受城市户籍所给予的社会保障和权利。他们的子女仍无法在城镇义务教育的学校上学，他们也享受不了城镇廉租房、低价房等优待。这就是城镇化过程中必须及早解决的二元户籍问题。

根据国家有关部门的建议，城乡二元户籍的解决途径大体上分两种：一是大城市（尤其是特大型城市）所采取的积分制，即按每个农民工的学历、经历、在城市中的工作年限、获得各种奖励的情况等，汇总计分，达到一定积分后就可以转为城市户籍。这是一种留住农民工中有一定技术专长的人才不致外流的好办法。计分后，即使尚未达到可以转为城市户籍的标准，但他们已有盼头。二是在城市中工作存在的对农民就业、子女上学、医疗、住房等方面的歧视，必须取消。市民身份是一致的，不再区分谁住在城区可以得到照顾，谁住在农村权利少于市民等现象。

在城镇化过程中，一定要反复向城镇和农村干部说明这样一点，即应以“人的城镇化”为目标，而不能再像过去那样，只讲街容街貌，马路越宽越好，楼房越高越多，讲铺张，讲排场，城市之间互相攀比，政府债务却不予考虑，这样下去怎么得了！这是违背城镇化原意的，一定要制止这种专做表面文章的所谓“城镇化”。

城镇化所需要的资金如何筹集？这又是一个需要认真对待的问题。即使一定程度的负债，也应当精打细算，节约使用。不要指望上级政府会为城镇化所欠下的债务保底兜底。靠出卖土地来维持地方政府的路子已经越来越窄了，甚至可以说已经走到了尽头，难以继续走下去。因此，在城镇化过程中必须及早筹划城镇公共设施经费的供给问题。一种可行的办法是借鉴某些西方国家的经验，设立城市公用事业投资基金，把中央政府、地方政府和金融机构三方的力量结合起来，以发行长期投资债券的办法，吸引民间资本共同参加城镇建设。这应该是可行的。

（四）争取实现最大的制度红利——社会和谐红利

当我们谈到制度红利时，通常想到的就是市场体制可以带来传统计划体制下不可能实现的有关制度调整方面的好处，如资源配置效率提高、生产单位和劳动者积极性的上升、对外开放所带来的好处，等等。这些都属于制度红利之列。此外，当我们谈到制度发展方式，也会想到由粗放型增长转变为集约型增长、由只看重数量的扩张制度转变为重视经济增长所带来的好处，等等。这些也属于制度红利之列。然而不能忘记，最大的制度红利是什么？最大的制度红利是社会和谐红利。

一些拉丁美洲国家为什么在进入中等收入国家行列后，会发生经济停滞、社会动荡不安、国内贫富差距日益严重从而落入所谓“中等收入陷阱”呢？各国具体情况不同，不可一概而论，但有一点是相同的，即社会极不和谐。社会不和谐突破了一定的界限，是这些国家落入所谓“中等收入陷阱”的主要原因。

对我们来说，社会和谐的实现应当说是同我们中国特色社会主义制度紧密地联系在一起的。社会和谐是我们的制度优越性的表现。实际上，我们现在所进行的一系列改革都是使我们得以有步骤地实现社会和谐的前提。例如，城乡二元户籍的改革，使城乡居民的权利平等和机会平等；社会保障体制的改革，使城乡居民的社会保障待遇基本一致；政府主持并推行的山区农村的扶贫计划，使这些农村中的穷人或者得到救助，或者学到了致富的技能，或者被介绍到外地做工；还有大力发展职业技术教育，使得年轻的农村子弟学到了本领，既便于寻找就业途径，又便于自行创业。所有这些，都有助于社会和谐的实现。

还应当注意到，现代中国社会中第三次分配正越来越引起社会的关注。第三次分配是相对于第一次分配和第二次分配而言的。市场主导的分配是第一次分配，是指在市场发挥调节作用之下，参加工作或进行投资的人，按市场规律取得自己的那一份收入。但由于每个人获得的收入多少不一，总会形成收入的差距，而且收入差距过大是不利于社会和谐的，于是就会第二次分配。第二次分配是政府主导下的收入分配，是指政府依据法律、法规和规章制度、政策等进行收入调节。总的来说，对于收入少的人征收个人所得税、企业所得税等，对于财产多的人征收财产税（如房产税），对于贫困户则给予津贴、补助等。政府通过收入的调节来缩小社会上的收入差距。通过第二次收入分配，每个人的收入都成为税后收入，而穷人不仅不用缴纳所得税、财产税，而且还能得到政府发给的津贴或补助。

第二次收入调节以后，社会上还存在收入分配。这时就进入第三次分配。第三次分配通常是指基于道德力量作用的收入再分配，包括社会公益事业把人们捐赠的钱财用于帮助低收入家庭，也包括人们自愿从事的帮助低收入家庭脱贫的捐献，如帮助孤寡老人、病人、残疾人、儿童，还包括人民自愿提供各级各类学校的奖学金，等等。此外，在发生洪水、地震、泥石流、长期干旱的地区救灾活动中，也会有不少人或向慈善机构捐献，或自行向受灾群众捐款，这些都属于第三次分配的范畴。根据西方发达国家的经验，第三次分配的捐款数额是逐渐扩大的。中国也有相同的趋势，相关的法律法规应日益完善。

第二次分配和第三次分配在促进社会和谐方面的作用显然是不容低估的。但对于以市场调节为主导的第一次分配，同样有必要加以关注。这里不妨举两个例子来说明。

一是劳动力市场的情况。要知道，目前中国劳动力市场买方（雇主）和卖方（受雇者）的力量极不对称，因为雇主通常是企事业单位而受雇者（包括农民工）通常是单个的寻求职业的人，双方站在地位不平等的境地，吃亏的常常是受雇者。如果劳动力市场上出现的是供大于求的格局，受雇者在受压抑后只好忍气吞声。雇主拖欠工资的现象也常有发生。中国的各级工会近年来已经关注这些情况了，正积极参与劳资谈判和劳资纠纷事件的妥善解决。这是可喜的现象，希望工会组织能扩大自己在这方面的影响。

二是农牧民销售自产农牧业产品的情况。在这里，如果单个的农牧民面对的是农产品大采购商，那么农牧民作为农牧业产品的供给方同大的农产品采购商，双方势力的强弱是明显的：单个农牧民是弱方，农产品采购商是强方。农牧民作为供给方同农产品采购者作为需求方，不可能按照市场均衡价格成交，而常常会被压低价格，从而农牧民在初次分配中得到的收入就减少了。怎样纠正这种状况？参照西欧一些发达国家的经验，保护农牧民利益的一种可行的办法是农牧民在组成农牧民合作社的基础上再组成联社，可以是紧密型的（即扩大为大型农牧业合作社），也可以是松散型的（即生产仍由各个农牧民合作社从事，而销售则统一经营）。这些联社实力雄厚，规模庞大，有自己的车队、船队、码头和仓库，有自己的营销渠道，能直接同国内外的大型超市签订供销合同，从而可以得到较多的收入。看来，农民专业合作社组成联社，在中国是可以逐步实现的。

总之，在中共十八大和十八届三中全会决定的指引下，社会和谐是会实现的。因为制度的优越性是决定性的因素，全面深化改革为我们实现社会和谐，获得社会和谐红利提供了条件。而且，社会和谐是没有止境的，社会和谐红利的涌现也没有止境。为了“两个一百年”的奋斗目标和“中国梦”的实现，让我们共同努力吧！

（原载北京大学党委宣传部编：《铸魂：社会主义核心价值观十二讲》，北京大学出版社，2017年版）

关于当前中国能源经济的几个问题

一、中国对当前国际经济的双重责任

自从2008年国际金融危机爆发以来，它的深层次影响至今仍未完全消失，国际经济至今仍处于深度调整之中。其根本原因在于上一轮科技进步和产业调整所提供的功能现在已经接近尾声，传统经济体制和发展模式的潜能也在逐渐消失。但发展不平衡问题远未解决，现有经济治理机制和架构的缺陷却在逐渐显现。这是一个世界性的问题。大国、经济发达国家和重要的发展中国家都把结构调整和创新驱动放在首位，把激活本国经济和激活国际市场作为责任。

中国是最大的发展中国家，实际上肩负着对世界的发展的两重责任。一是要采取有效的经济政策，通过结构调整，通过地区、城乡和行业的协调使民生问题和增加市场活力问题得以缓解，这就是中国承担的责任之一。另一方面，中国将尽自己所能，通过“一带一路”使沿线的发展中国家能稳定地发展经济，增加就业，增加贸易活动，并促进参加“一带一路”的发达国家能继续发挥自己的优势，使经济社会继续有动力，有活力。中国同样把自己和国际上相关国家的合作放在优先位置，并将持续进行下去。

中国在现阶段对经济增长率做了调整，即认为不能再像前些年那样一味追求高速度、甚至超高速度，从而改为保持中高速增长，使年经济增长率保持在6.5%~7%左右。从国际比较方面说，6.5%~7%的增长率既是可以做到的增长率，也是可以持续下去的增长率。在转型过程中，重在供给侧结构性改革，靠创新取得新业绩和新活力。这样，中国经济在今后一段时间内仍能保持稳定，持续发展，并使居民的收入水平持续提升。

二、构建全球能源互联网对中国实体经济发展的推动作用

现在，让我们进一步分析全球能源互联网的构建对中国实际经济发展的意义。实际经济是中国经济发展和在国际竞争中赢得主动的基础，因此中国现阶段有必要大力扶植实体经济的发展，否则将错过时机。

中国目前完全有能力走在全球能源互联网建设的前列。这是因为，目前中国已经掌握了居于世界领先地位的特高压、智能电网核心技术和装备；中国的风电、光伏等产能已经占全球的一半

以上，完全具备能源网的发展先机的技术优势，再加上中国目前在发展新能源方面的综合实力，因此，只要中国继续努力，并且同其他国家诚心合作，中国完全有能力在全球能源网建设中居于优势地位。

市场是可以创造的，能源市场同样如此。一方面，有需求，必然就会有供给，而且供给方会以优质的能源供给来满足需求；另一方面，有了供给，也必然就会有相应的需求，供给方会争相以优质的能源供给来吸引各个不同领域的需求，从而形成新的供给引领新的需求的格局。需求拉动供给，供给引领需求，这就是实体经济得以不断发展、不断创新的机遇。经济中提供了种种不同的机遇，其中明显地包括了对能源的新需求和新供给的期待。谁能抓住机遇，谁就能开拓市场，创新市场，占领市场。

关于市场的创造、需求的创造和供给的创造，已被实体经济的发展所证明。中国目前完全有可能既推动经济结构的加速调整，又能实现产业升级，并在产业升级的过程中开辟新的供给和新的需求。中国同“一带一路”沿线国家的加强合作，正是时代给我们创造的发展良机，我们不能错过这一良机。

三、中国目前应当加紧《能源法》的制定

无论是法律界、经济界还是行政管理界，近年来一直在呼吁要加紧制定《能源法》。这已经成为普遍的呼声。

制定《能源法》的目标之一是：必须以绿色发展为导向，确立新能源发展战略。这是因为，绿色发展是当前国民经济发展和社会治理的最大目标，直接关系到子孙后代的生活和生产。如果不早日制定《能源法》，法律效力不足，对违法者惩处缺少法律依据，并且也不利于绿色发展的国际合作。

制定《能源法》的目标之二是：为调整中国的能源结构做好准备，淘汰落后产能有法可依，能源结构调整也有法可依。

制定《能源法》的目标之三是：确保中国的能源安全，降低能源消耗量。具体地说，就是要节约资源，以保证中国能源的自给，同时还有利于国际能源合作。

然而，根据中国《能源法》多年来之所以难以制定，一个关键问题在于部门利益的干扰。能源链条长，从而不可避免地形成多头管理的格局，无论哪一个部门都认为自己有责任维护自身的利益。不管这种多头管理格局有不少不合理之处，也没有一个部门愿意放弃原有的利益。

那么，在多头管理的格局下，能不能通过部门间的协商来解决疑难问题呢？实践表明这仍有很大难度，因为多头管理的结果解决不了实质性的问题，而只能使问题拖而不决。也就是说，多头管理只可能使《能源法》的制定陷于“协商、再协商、第三次协商……”的困境。

经验告诉人们，如果多头管理的现状不变，不管由哪几个部或局来从事《能源法》的制定，都不可能使《能源法》早日出台，甚至“并局”“并部”也解决不了这些难题。唯一可行的办法只能是由全国人民代表大会委托全国人大常委会牵头，重新起草《能源法》。在立法过程中，将征求社会各界的意见，征求各有关部、局的意见。至于各个部、局的责任，也将根据全国人大常委会制定的《能源法》明确下来，同样有法可依。

不由部门立法，而由全国人大常委会制定法律，在中国已经有成功的经验，《证券法》就是一个先例。而且，全国人大通过的法律，并不是以后不可以修改的。全国人大常委会在广泛调研和听取各界修改意见的基础上修改法律，已有不少先例，这是正常现象。

四、从“经济人”或“理性人”假设转向“社会人”或“现实人”假设

最后，我想借这个机会谈一谈从“经济人”或“理性人”假设向“社会人”或“现实人”假设的转变问题。

“经济人”假设，又称“理性人”假设，首创于古典经济学。从18世纪70年代起，以亚当·斯密为代表的古典经济学家认为，在市场经济活动中，每一个交易者都是“经济人”，又称“理性人”，都追求最低成本、最大收益。这被称为“斯密教条”。19世纪末到20世纪初，以马歇尔为代表的新古典经济学依然推崇“经济人”假设或“理性人”假设。

然而，随着工业化的推进和市场的不断扩张，企业与企业之

间的矛盾越来越多，企业和劳工之间的冲突也越来越频繁，市场的不和谐出现了。“经济人”或“理性人”假设被认为失灵了。越来越多的交易者陷入了困惑之中。无论在投资领域还是在消费领域，也无论在企业和企业之间还是企业和雇工之间，甚至在雇工和雇工之间，“经济人”或“理性人”假设逐渐让位于“社会人”或“现实人”假设。这是工业化走向后工业化期间的明显的变化。

正是在新的形势下，交易者们已经越来越懂得按照“经济人”或“理性人”假设可能是行不通的。人人都坚持最低成本、最大收益是达不到目标的。假定采取不妥协的战略，硬拼下去，结果必定是两败俱伤，是“双输”。这样的结果谁都不愿意看到。

于是，交易者们逐渐从“经济人”或“理性人”假设转变为“社会人”或“现实人”假设。这就是战略思想的转变。

根据“社会人”或“现实人”假设，交易者要重在协商，重在和解，重在分享，重在共赢。在激烈的市场竞争中，如果一味硬拼下去，结果是两败俱伤，是“双输”。不如各自后退一步，双方协商、和解，取得分享、共赢。这样的后果是斗争双方都能接受的。

经济学从来都是供人思考的一门科学。人是“社会人”“现实人”，反映了人是离不开社会，离不开现实的。人们希望通过协商取得和解，人们也希望在协商、和解的基础上取得分享，取得共赢，这可能比人是“经济人”“理性人”的假设更符合社会实际。

怎样实现“两个一百年”奋斗目标、实现中华民族伟大复兴的中国梦？

一、“今天，我们比历史上任何时期都更接近、更有信心和能力实现中华民族伟大复兴的目标。”

这是习近平总书记在十九大报告中，总结一百年来中国的变化而做出的概括，完全符合实际。没有近一百年来的奋斗，流血流汗，中国共产党初心不改，矢志不渝，这才创造了一个又一个奇迹。因此，习总书记得出了这样的论断：“中华民族伟大复兴，绝不是轻轻松松、敲锣打鼓就能实现的。”展望前景，全党必须准备付出更为艰巨、更为艰苦的努力。也就是说：“实现伟大梦想，必须进行伟大斗争。”而且，九十六年的共产党的奋斗史不能遗忘。

中共十八大以来的五年，同样是不可忘记的。这五年内，在经济方面的最大成绩就是端正发展观念，转变发展方式。在政治方面的最大成绩就是全面从严治党，成效卓著。这样，五年来的卓越成绩，才使得十九大取得胜利，才能自豪地说，我们比历史上任何时期都更接近、更有信心和能力实现中华民族伟大复兴的目标。

二、“中国特色社会主义是改革开放以来党的全部理论和实践的主题，是党和人民历尽千辛万苦、付出巨大代价取得的根本成就。”

习总书记在总结中国的改革和发展的经验时，对中国特色社会主义道路做了科学的概括：

1. 中国特色社会主义道路是实现社会主义现代化、创造人民美好生活的必由之路，这就是道路自信。

2. 中国特色社会主义理论体系是指导党和人民实现中华民族伟大复兴的正确理论，这就是理论自信。

3. 中国特色社会主义制度是当代中国发展进步的根本制度保障，这就是制度自信。

4. 中国特色社会主义文化是激励全党全国各族人民奋勇前进的强大精神力量，这就是文化自信。

习总书记在阐释了中国特色社会主义道理的要点之后，这样勉励全党和全国人民：“我们既不走封闭僵化的老路，也不走改旗易帜的邪路，保持政治定力，坚持实干兴邦，始终坚持和发展特色社会主义。”

在这里特别重要的是中国的前景何在。

1. 中国绝不走封闭僵化的老路。回顾39年前的实践是检验真理的唯一标准的大讨论，以及在大讨论的基础上召开的中共十一届三中全会所做出的决议，使我们从此走向改革开放。今天社会稳定和经济繁荣以及人民收入的提高，正是改革开放的果实，怎能再走封闭僵化老路呢？

2. 绝不能走改旗易帜的邪路。如果那样做，这么多年的革命奋战、流血斗争岂不是前功尽弃么？这是全国人民绝不答允的。

三、“新时代中国特色社会主义思想是对马克思列宁主义、毛泽东思想、邓小平理论、‘三个代表’重要思想、科学发展观的继承和发展，是马克思主义中国化最新成果。”

新时代同习近平同志的名字联结在一起，是有深刻含义的。这表明了重大的责任担当，带动了广大群众为新时代的实现而奋勇前进。

新时代中国特色社会主义思想是马克思主义中国化最新成果，又是中国共产党和全国人民实践经验和集体智慧的结晶，是中国特色社会主义理论体系的重要组成部分，是全党全国人民为实现中华民族伟大复兴而奋斗的行动指南，必须长期坚持并不断发展。

这清楚地表明：马克思主义的中国化是实践的结果，而且将持续下去，并继续发展。例如，坚持党对一切工作的领导，坚持以人民为中心，坚持全面深化改革，坚持新发展理念，坚持人民当家做主，坚持全面依法治国，坚持社会主义核心价值体系，坚持在发展中保障和改善民生，坚持人与自然和谐共生，坚持总体国家安全观，坚持党对人民军队的绝对领导，坚持“一国两制”和推进祖国统一，坚持推动构造人类命运共同体，坚持全面从严治党。以上十四条构成新时代坚持和发展中国特色社会主义的基本方略。总之，“时代是思想之母，实践是理论之源”。21世纪的中国的马克思主义一定能够展现出更强大的、更有说服力的真理力量。

在谈到马克思主义中国化时，有两个问题需要有进一步的分析。

第一，马克思主义中国化是一个巨大的工程，需要先实践，再推广，并在这个基础上使之理论化。为什么要有这样一个过程？因为这是前人从未做过的。第二，马克思主义中国化把实践的成果理论化，是最终的成绩，也是中国对世界的贡献之一。当然，各国都有本国国情，如果应用还需要实践检验。

四、“必须坚持和完善中国特色社会主义制度，充分发挥我国社会主义制度优越性。”

习总书记在十九大报告中指出，从现在到2020年，是全面建成小康社会决胜期。因此必须根据全面建成小康社会的各项要求，紧扣我国社会主要矛盾变化，统筹推进各方面的建设，包括经济建设、政治建设、文化建设、社会建设、生态文明建设，并坚定实施各类大国强国战略，包括科教兴国战略、人才强国战略、创新驱动发展战略、乡镇振兴战略、区域协调发展战略、可持续发展战略、军民整合发展战略，同时还需要抓重点、补短板、强弱项，特别是要坚决打好防范化解重大风险、精准脱贫、污染防治的攻坚战，使全面建成小康社会得到人民认可，经得起历史检验。

世界上许多国家（包括发展中国家和发达国家），都为国内的贫富人群的存在而感到头痛，因为一方面它们找不到有效的对等，另一方面它们仅限于给予救济而无法真正使穷人脱贫。中国为什么能在扶贫方面取得显著成绩？这与中国有社会主义制度紧密相连，有效扶贫、精确扶贫、教育扶贫、旅游扶贫、农牧业产业化扶贫、迁移扶贫等都是社会主义优越性的反映。这是其他国家做不到的，或没有能力做的。

五、“发展必须是科学发展，必须坚定不移贯彻创新、协调、绿色、开放、共享的发展理念。”

习总书记在谈到科学发展的重要性时，提出了新发展理念的内容，即创新、协调、绿色、开放和共享。他认为，“发展必须是科学发展”，创新、协调、绿色、开放、共享这样五个发展理念必须坚定不移贯彻始终。

在发展过程中，我国社会主义基本经济制度和分配制度必须坚持和完善，巩固和发展公有制经济必须毫不动摇，同时要毫不动摇地鼓励、支持、引导非公有制经济发展，使市场在资源配置中起决定性作用。

在发展过程中，要更好发挥政府作用，推动新型工业化、信息化、城镇化、农业现代化同步发展，主动参与和推动经济全球化进程，发展更高层次的开放型经济，不断壮大我国经济实力和综合国力。

在这里必须指出：创新、协调、绿色、开放、共享这五个新发展理念的提出和实施是会引起一些习惯于旧式发展理念的人们的抵触或消极对待的。因此这是一个长期再教育的过程。必须在理论上讲透，使越来越多的人懂得这样做的道理，新发展理念才能深入人心。

六、“贯彻新发展理念，坚持质量第一、效益优先，不断增强我国经济创新力和竞争力。”

为了实现“两个一百年”奋斗目标，实现中华民族伟大复兴的中国梦，不断提高人民生活水平，必须坚定不移把发展作为党执政兴国的第一要务，坚持解放和发展社会生产力，坚持社会主义市场经济改革方向，推动经济持续健康发展。

长期以来，我国一直把数量和速度作为发展方式的着重点。现阶段，我国经济已经由高速增长阶段转向高质量发展阶段。转变发展方式已成为当务之急。因此在十九大报告中，习总书记指出："必须坚持质量第一，效率优先，以供给侧结构性改革为主线，推动经济发展质量变革、效率变革、动力变革，提高全要素生产率，着力加快建设实体经济、科技创新、现代金融、人力资源协同发展的产业体系。"

可以预计，通过发展方式从数量和速度型的原发展方式向质量和效率型的新发展方式的转变，我国的微观主体会更有活力，宏观调控会更加有度，我国经济创新力和竞争力会不断增强。

应当指出，要把过去实行的数量和速度型发展方式转变为质量和效率型发展方式会遇到阻力。主要是两大阻力：一是利益集团的阻力，即它们认为，要实行质量和效率型发展方式，自己的既得利益就有可能丧失，因此迟迟不愿改革。二是在转变发展方式时，可能会使得一定的职工下岗。因此，要设法通过改革分流职工。

七、"深化供给侧结构性改革是建设现代化经济体系所必需，也是加快建设创新型国家所必需。"

由于我国经济正处在转变发展方式、优化经济结构、转换增长动力攻关期，所以深化供给侧结构性改革十分重要。习总书记在十九大报告中指出：“建设现代化经济体系，必须把发展经济的着力点放在实体经济上，把提高供给体系质量作为主攻方向，显著增加我国经济质量优势。”

为了更好地推进供给侧结构性改革，要坚持去产能、去库存、去杠杆、降成本、补短板。优化存量资源配置，扩大优质增量供给，实现供需平衡。尽管“三去一降一补”的难度在增大，但应一鼓作气干下去，不可停步。

同时，应激发和保护企业家精神，鼓励更多社会主体投身创新创业。

还应大力建设知识型、技能型、创新型劳动者大军，弘扬劳模精神和工匠精神，营造劳动光荣的社会风尚和精益求精的敬业风气。

有了创新精神，我国也就能真正成为一个创新型大国、创新型强国。

这里应当就激励企业家精神问题再做些说明：

首先，要依法加强对企业家的财产进行保护。一是依法保护企业家的财政权，二是依法保护企业家创新的收益权，三是依法保护企业家自主经营的合法权利。这一切都以公平为核心原则。公平保护财产权，就是树立法律的最高权威。对公有制经济和非公有制经济，法律面前是一视同仁的。政府不得以政府换届或领导人更替为理由使政府违约。政府必须取信于民，这是原则，不可违背。

八、“农业农村农民问题是关系国计民生的根本性问题，必须始终把解决好“三农”问题作为全党工作重中之重。”

习总书记在十九大报告中指出：“要巩固和完善农村基本经营制度，深化农村土地制度改革，完善承包地‘三权分置’制度。”（“三权分置”是指：落实集体所有权、稳定农户承包权、放活土地经营权。）

要保持土地承包关系稳定并长久不废，第二轮土地承包到期后再延长三十年。这样，承包户就心定了。

怎样构建现代农业产业体系、生产体系、经营体系？要完善农业支持保护制度，发展多种形式适度规模经营，培育新型农业支持保护制度，发展多种形式适度规模经营，培育新型农业经营工作者。

要实现小农户和现代农业发展有机衔接。促进农村一、二、三产业融合发展，支持和鼓励农民就业创业，拓宽增收渠道。培育新农民。

根据目前一些农业地区的“三权分置”情况，凡是实现了“集体所有权要稳”“农民承包权要实”“土地经营权要活”的地区，农民的积极性被大幅度地调动起来。在“三权分置”的格局之下，农民在忙些什么呢？

一是提升土地流转管理和服务水平，二是健全农村产权交易市场建设，三是规范土地流转行为，四是加强土地流转的风险防范。此外，还有农民正在学习知识、技术、管理、营销等。农业、农村、农民都在发生大的变化。也就是说，新型农民或由农民转化的小微企业家、中等企业主也正在形成。

九、“实施区域协调发展战略，根据国内不同区域，制定发展规划，以各个不同地区走向均衡为目标。”

我国区域发展的不协调、不均衡，是历史所形成的。因此，一定要根据各个地区的现状制定有效的对策，同时要确保边疆安全。

一是要加大力度支持革命老区、民族地区、边疆地区、贫困地区加快发展，强化举措推进西部大开发形成新格局。

二是要深化改革，加快东北等老工业基地振兴，同时发挥优势推动中部地区崛起。

三是要创新引领，率先实现东部地区优化发展，建立更加有效的区域协调发展新机制，以城市群为主体构建城镇发展格局，加快农业移动人口市民化。

四是要推动京津冀协同发展，高标准建设雄安新区。

五是以共抓大保护、不搞大开发为导向推动长江经济带发展。

六是支持资源型地区经济转型发展。

对于任何一个地区进行扶持时，一定要记住，不能仅限于“输血”，而应当采取“帮助建立当地造血机制”的措施。这是因为，“输血”是必要的，但从长期看，“输血”不可能使该地区真正发展起来。只有使该地区有了自己的造血机制，才能使当地真正繁荣。其中一个必不可少的措施是大力发展教育，培养本地人才。这说明，教育效应、人才效应是根本性的，是无法替代的。

十、“加快完善社会主义市场经济体制，发挥国家发展规划的战略导向作用。”

习近平总书记指出：“经济体制改革必须以完善产权制度和要素市场化配置为重点，实现产权有效激励、要素自由流动、价格反应灵活、竞争公平有序、企业优胜劣汰。”这就是社会主义市场经济体制的要点。

今后的国有资产管理体制要完善，必须进行相应的改革，包括改革国有资本授权经营体制，必须加快国有经济布局优化、结构调整战略性重组，促进国有资产保值增值，推动国有资本做优做大，有效防止国有资产流失。

今后深化国有企业改革的途径是发展混合所有制经济，培育具有全球竞争力的世界一流企业。

此外，今后将全面实施市场准入负面清单制度，清理废除妨碍统一市场和公平竞争的各种规定和做法，支持民营企业发展，激发各类市场主体活力。商事制度要深化改革，要打破行政性垄断，防止市场垄断。

今后要加快要素价格市场化改革，放宽服务业准入限制，完善市场监管体制。

总之，社会主义市场经济体制的完善化，涉及的领域很广，在改革方面有许多工作要做。

中国现在的国有企业是一个笼统而宏大的体系，它是在解放初期就形成的，包括官僚资本企业、国民党政府的“国有企业”、日本帝国主义占领下建立的企业、1949年后新建的国有企业等，还有1956年工商业改造时形成的公私合营企业（它们后来改为国有企业）。因此，不能笼统地说国有企业应保留现在的体制，或不应当继续国有，而应当根据不同地区、不同行业、不同企业来划分，并采取不同的改革方向。其中，适合改为混合所有制的就坚决改，适合继续国有的仍采取国有模式。这样才是对历史的尊重。

十一、“优先发展教育事业，提高就业质量，提高人民收入水平。”

习总书记在十九大报告中指出：“建设教育强国是中华民族伟大复兴的基础工程，必须把教育事业放在优先位置，加快教育现代化，办好人民满意的教育。”

因此，有必要全面贯彻党的教育方针，落实立德树人根本任务，发展素质教育，推进教育公平，推动城乡义务教育一体化发展。努力让每个孩子都能享有公平而有质量的教育。

十九大报告还指出：“就业是最大的民生。”因此，要坚持就业优先战略和积极就业政策，实现更高质量和更充分就业。

当前，结构性就业矛盾突出，一方面要大规模开展职业技术教育、职工技术培训，另一方面要鼓励创业带动就业。

此外，要坚持按劳分配原则，完善按要素分配的体制机制，使收入分配更合理，更有序。

教育产品可以分为三个类型，即公共产品、准公共产品和私人产品。公共产品的范围有：义务教育、广播电视教育、特殊教育，以及其他由政府投资办的学校或训练班。准公共产品，即团体、企业、事业单位办的学校（如职工学校、子弟学校等）。私人产品，指私人家庭教师，民办学校、各种民办培训班。

教育是一个独特的行业，即使是属于私人产品一类，对社会同样是有益的，培养出来的毕业生是有益于国家和社会的。

提高农村义务教育的入学率和提高教师工资，都是国家的责任。

十二、“加快生态文明体制改革，建设美丽中国。”

十九大报告指出：“人与自然是生命共同体，人类必须尊重自然、顺应自然、保护自然。”要知道，“人类对大自然的伤害最终会伤及人类自身，这是无法抗拒的规律”。

因此，一定要推进绿色发展，需加快建立绿色生产和消费的法律制度和政策导向，建立健全绿色低碳循环发展的经济体系。

要壮大节能环保产业，清洁生产产业，清洁能源产业。推进能源生产和消费革命，构建清洁低碳、安全高效的能源体系。

对于突出的环境问题，坚持全民共治、源头防治，提高污染排放标准，强化排污者责任。开展国土绿化行动，推进荒漠化、石漠化、水土流失综合治理。严格保护耕地，扩大轮作休耕试点，健全耕地草原森林河流湖泊休养生息制度。

习总书记在十九大报告中着重指出："生态文明建设功在当代、利在千秋。我们要牢固树立社会主义生态文明观，推动形成人与自然和谐发展现代化建设新格局，为保护生态环境做出我们这代人的努力！"

"建设美丽中国"是一个新的概念，但绝不是轻易能实现的。全国这么多沙地、盐碱地、沙漠地，不制定科学的改造规划，不投资于生态建设，是改变不了荒漠地区的面貌的。因此，要有担当精神，经过几代人的努力才能把荒漠地区变成绿色地带。

十三、结束语

习总书记在十九大报告中着重地指出："改革开放之初，我们党发出了走自己的路、建设中国特色社会主义的伟大号召。"从那时以来，经过长期努力，中国特色社会主义进入了新时代，这是我国发展新的历史方位。

"中国特色社会主义进入新时代，我国社会主要矛盾已经转化为人民日益增长的美好生活需要和不平衡不充分的发展之间的矛盾。”发展不平衡不充分，这已经成为满足人民日益增长的美好生活需要的主要制约因素。

在新时代来临之时，我们丝毫不能松懈，针对新情况，要经得起历史检验。我们还有许多事情要做。

从现在到2020年，是全面建成小康社会决胜期。从2020年到21世纪中叶，可以分为两个阶段来安排：

第一个阶段，从2020年到2035年，在全面建成小康社会的基础上，再奋斗十五年，基本实现社会主义现代化，跻身创新型国家前列，美丽中国目标基本实现。

第二个阶段，从2035年到21世纪中叶，在基本实现现代化的基础上，再奋斗十五年，把我国建成富强、民主、文明、和谐、美丽的社会主义现代化强国。“美丽”是新添加的，意义深远。

这是鼓舞人心的大举措、大规划。习总书记在十九大报告结束时写下了这样一段话：“青年兴则国家兴，青年强则国家强。青年一代有理想、有本领、有担当，国家就有前途，民族就有希望。”

习总书记说：“中华民族伟大复兴的中国梦终将在一代代青年的接力奋斗中变为现实。”“广大青年要坚定理想信念，志存高远，脚踏实地，勇做时代的弄潮儿，在实现中国梦的生动实践中放飞青春梦想，在为人民利益的不懈奋斗中书写人生华章！”

（中共十九大闭幕后，学习十九大文件读书心得）